줄리줄스의
코바늘 손뜨개
가랜드

일 년 열두 달 감성 인테리어 소품 만들기

줄리줄스 지음

버튼북스

Contents

PROLOGUE • 5

열두 달 가랜드 만들기

January
새해 복 많이 받으세요 가랜드 • 22

February
발렌타인 데이 하트 가랜드 • 48

March
새싹 가랜드 & 책갈피 • 52

April
부활절 토끼 가랜드 & 달걀 • 60

May
봄 꽃 리스 • 66

June
선인장 가랜드 • 76

July
수박 가랜드 • 80

August
바캉스를 즐기는 곰과 토끼 리스 • 84

September
낙엽과 도토리 가랜드 • 96

October
할로윈 가랜드 & 호박 • 102

November
가을 모티브 가랜드 • 110

December
크리스마스 트리 가랜드 • 116

손뜨개에 필요한 도구와 재료 • 128
기본 뜨개법 익히기 • 130

THANKS TO • 155

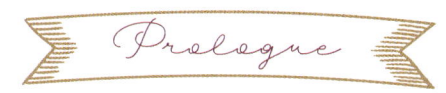

어느새 줄리줄스의 세 번째 손뜨개 책을 출간하게 되었습니다.
"세 번째 책이라 더 쉽지 않아요?"라는 질문을 많이 받았지만
사실 세 번째 책이라 준비하는 동안 그 어느 때보다도 더 설레었던 것 같아요.

첫 번째 책에서는 12간지를 주제 삼아 코바늘 인형을 만들었고,
두 번째 책에서는 아기들을 위한 코바늘 장난감 및 소품을 만들었으니
세 번째 책에서는 어떤 주제로 어떤 작품을 선보이면 좋을까?
이런 고민에서부터 설렘은 시작되었습니다.
무언가 새로운 것을 만들어낸다는 건 항상 제 심장을 두근거리게 합니다.
그렇게 고민 끝에 결정된 주제는 '코바늘 손뜨개 가랜드'였습니다.

일 년 열두 달 내내 줄리줄스와 함께할 수 있기를 바라는 마음에서
열두 달 가랜드로 결정하게 되었고, 각각의 월을 상징하는
혹은 대표하는 아이템과 이야기를 주제로 만들어보았습니다.
완성된 가랜드를 직접 본 수강생들은 5월의 'MAY BLOSSOM' 가랜드를
제일 좋아하셨는데 독자 여러분은 어떤 가랜드를 제일 좋아할지, 벌써부터 궁금하네요!

참! 이번 책에서는 '별책부록'과도 같은 도안들이 곳곳에 있으니까
놓치지 말고 잘 응용해서 인테리어 소품뿐 아니라
예쁜 액세서리와 나만의 아이템으로도 활용해보세요.

January

새해 복 많이 받으세요 가랜드

February

발렌타인 데이 하트 가랜드

March

새싹 가랜드

April

부활절 토끼 가랜드 & 달걀

May

봄 꽃 리스

June

선인장 가랜드

July

수박 가랜드

August

바캉스를 즐기는 곰과 토끼 리스

September

낙엽과 도토리 가랜드

October

할로윈 가랜드 & 호박

November

가을 모티브 가랜드

December

크리스마스 트리 가랜드

열두 달 가랜드 만들기

1월부터 12월까지!
월별로 기억에 남거나 상징할 수 있는 주제를 골라서
가랜드와 리스를 디자인했습니다.
집 안을 한층 더 부드럽고 따뜻하며 생동감 있게 꾸며줄 수 있는
벽 장식 인테리어 소품을 함께 만들어볼까요?

뜨기 전 반드시 기억해야 할 Tip

- 뜨실 때 실을 당기지 말고 편하게 잡고 떠주세요.
- 모든 원형뜨기는 첫 단만 첫 코에 빼뜨기를 해서 원을 완성해주고,
  나머지 단은 소용돌이 방식으로 떠주세요.
- 평면뜨기를 뜰 때, 단마다 끝나면 기둥코 사슬 1개를 만든 후 반시계 방향으로 돌려주세요.
  이 때, 반시계 방향으로 돌린 다음 사슬 1개를 떠주어도 괜찮습니다.
- 개인에 따라서 작품의 완성 크기에 오차 범위가 있을 수 있어요.
- 준비 재료의 실 g수는 ±10%의 오차가 발생할 수 있어요.

새해 복 많이 받으세요 가랜드

Happy New Year

한 해의 시작, 새로운 출발!
인테리어에도 신선한 포인트를 주고 싶다면?
새해를 맞이하는 알파벳 글자로
온 가족이 모인 공간에 포근함을 더해보세요.
벽걸이로도 좋고, 놓아두는 장식품으로도 좋아요.
멋진 한 해를 보낼 수 있을 것 같은 느낌이 들어요.

알파벳별로 두 개씩 떠서 안감면끼리 맞대고 테두리는 짧은뜨기로 연결한다.

실 : A -연하늘 50g, B -노랑 25g, C -연회색 52g, D -보라 26g, E -베이비핑크 25g, F -살색 25g,
G -피치핑크 45g, H -연베이지 그레이 25g, I -다크 아쿠아민트 25g
코바늘 모사용 6호

H 색상 A

Part	단수	설명	코수
A		사슬 7개 만들기	7
	1	(두 번째 사슬부터) 짧은뜨기x6회 반복, 기둥코 사슬1개, (반시계 방향으로 돌리기)	6
	2~8	짧은뜨기x6회 반복, 기둥코 사슬1개, (반시계 방향으로 돌리기)	6
	9	짧은뜨기x6회 반복, 사슬 13개, (반시계 방향으로 돌리기)	19
	10	(두 번째 사슬부터) 짧은뜨기x18회 반복, 기둥코 사슬1개, (반시계 방향으로 돌리기)	18
	11~13	짧은뜨기x18회 반복, 기둥코 사슬1개, (반시계 방향으로 돌리기)	18
B	14~20	짧은뜨기x6회 반복, 기둥코 사슬1개, (반시계 방향으로 돌리기)	6
	21	짧은뜨기x6회 반복, 실을 약 7cm 남긴 뒤 자른다.	6
C	14	(실을 새로 연결한 뒤) 사슬1개, (연결한 자리부터) 짧은뜨기x6회 반복, 기둥코 사슬1개, (반시계 방향으로 돌리기)	6
	15~20	짧은뜨기x6회 반복, 기둥코 사슬1개, (반시계 방향으로 돌리기)	6
	21	짧은뜨기x6회 반복, 실을 약 10cm 남긴 뒤 자른다.	6
D	1	(실을 새로 연결한 뒤) 사슬1개, (연결한 자리부터) 짧은뜨기x6회 반복, 기둥코 사슬1개, (반시계 방향으로 돌리기)	6
	2~7	짧은뜨기x6회 반복, 기둥코 사슬 1개, (반시계방향으로 돌리기)	6
	8	짧은뜨기x6회 반복	6

첫번째는 실을 약 10cm 남기고 자르고 두번째는 실을 자르지 않고 이어서 테두리를 연결한다.

A 색상B

Part	단수	설명	코수
A		사슬 9개 만들기	9
	1	(두 번째 사슬부터) 짧은뜨기x8회 반복, 기둥코 사슬1개, (반시계 방향으로 돌리기)	8
	2	2코 늘리기x1회, 짧은뜨기x6회 반복, 2코 늘리기x1회, 기둥코 사슬1개, (반시계 방향으로 돌리기)	10
	3~4	짧은뜨기x10회 반복, 기둥코 사슬1개, (반시계 방향으로 돌리기)	10
	5	2코 늘리기x1회, 짧은뜨기x8회 반복, 2코 늘리기x1회, 기둥코 사슬1개, (반시계 방향으로 돌리기)	12
	6	2코 늘리기x1회, 짧은뜨기x3회 반복, 2코 줄이기x1회, 기둥코 사슬1개, (반시계 방향으로 돌리기)	6
	7~8	짧은뜨기x6회 반복, 기둥코 사슬1개, (반시계 방향으로 돌리기)	6
	9	2코 줄이기x1회, 짧은뜨기x3회 반복, 2코 늘리기x1회, 기둥코 사슬1개, (반시계 방향으로 돌리기)	6
	10	짧은뜨기x6회 반복, 실을 약 7cm 남기고 자른다.	6
B	6	(실을 새로 연결한 뒤) 기둥코 사슬 1개, (같은 자리부터) 2코 줄이기x1회, 짧은뜨기x3회 반복, 2코 늘리기x1회, 기둥코 사슬1개, (반시계 방향으로 돌리기)	6
	7~8	짧은뜨기x6회 반복, 기둥코 사슬1개, (반시계 방향으로 돌리기)	6
	9	2코 늘리기x1회, 짧은뜨기x3회 반복, 2코 줄이기x1회, 기둥코 사슬1개, (반시계 방향으로 돌리기)	6
	10	짧은뜨기x6회 반복, 기둥코 사슬1개, (반시계 방향으로 돌리기)	6
	11	짧은뜨기x6회 반복, 사슬 4개, (이어서 다음 코부터)짧은뜨기x6회 반복, 기둥코 사슬1개, (반시계 방향으로 돌리기)	16
	12~15	짧은뜨기x16회 반복, 기둥코 사슬1개, (반시계 방향으로 돌리기)	16
	16	2코 늘리기x1회, 짧은뜨기x3회 반복, 2코 줄이기x1회, 기둥코 사슬1개, (반시계 방향으로 돌리기)	6
	17~22	짧은뜨기x6회 반복, 실을 약 7cm 남기고 자른다.	6
C	16	(실을 새로 연결한 뒤) 기둥코 사슬 1개, (같은 자리부터) 2코 줄이기x1회, 짧은뜨기x3회 반복, 2코 늘리기x1회, 기둥코 사슬1개, (반시계 방향으로 돌리기)	6
	17~22	짧은뜨기x6회 반복, 기둥코 사슬 1개, (반시계방향으로 돌리기)	6

첫번째는 실을 약 10cm 남기고 자르고 두번째는 실을 자르지 않고 이어서 테두리를 연결한다.

실을 새로 연결할 때는 과정컷에 있는 화살표 위치를 참고해 주세요.

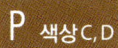 색상 C, D

Part	단수	설명	코수
A		사슬 13개 만들기	13
	1	(두 번째 사슬부터) 짧은뜨기x12회 반복, 기둥코 사슬1개, (반시계 방향으로 돌리기)	12
	2	짧은뜨기x11회 반복, 2코 늘리기x1회, 기둥코 사슬1개, (반시계 방향으로 돌리기)	13
	3	2코 늘리기x1회, 짧은뜨기x12회 반복, 기둥코 사슬1개, (반시계 방향으로 돌리기)	14
	4	짧은뜨기x13회 반복, 2코 늘리기x1회, 기둥코 사슬1개, (반시계 방향으로 돌리기)	15
	5	2코 늘리기x1회, 짧은뜨기x14회 반복, 기둥코 사슬1개, (반시계 방향으로 돌리기)	16
	6	짧은뜨기x15회 반복, 2코 늘리기x1회, 기둥코 사슬1개, (반시계 방향으로 돌리기)	17
	7	짧은뜨기x5회 반복, 2코 줄이기x1회, 기둥코 사슬1개, (반시계 방향으로 돌리기)	6
	8	2코 줄이기x1회, 짧은뜨기x3회 반복, 2코 늘리기x1회, 기둥코 사슬1개, (반시계 방향으로 돌리기)	6
	9~10	짧은뜨기x6회 반복, 기둥코 사슬1개, (반시계 방향으로 돌리기)	6
	11	2코 줄이기x1회, 짧은뜨기x3회 반복, 2코 늘리기x1회, 기둥코 사슬1개, (반시계 방향으로 돌리기)	6
	12	2코 늘리기x1회, 짧은뜨기x5회 반복, 기둥코 사슬1개, (반시계 방향으로 돌리기)	7
	13	2코 줄이기x1회, 짧은뜨기x5회 반복, 사슬 4개, 실을 자르지 않고 이어서 Part B를 뜬다.	

Part	단수	설명	코수
B	7	(실을 새로 연결한 뒤) 사슬1개, (연결한 자리부터) 짧은뜨기x6회 반복, 기둥코 사실1개, (반시계 방향으로 돌리기)	6
	8~11	짧은뜨기x6회 반복, 기둥코 사슬1개, (반시계 방향으로 돌리기)	6
	12	짧은뜨기x6회 반복, 실을 약 7cm 남기고 자른다.	6

Part	단수	설명	코수
C	13	(Part A의 13단을 이어서 뜬다.) Part B에 짧은뜨기x6회 반복, 기둥코 사슬1개, (반시계 방향으로 돌리기)	16
	14	짧은뜨기x14회 반복, 2코 줄이기x1회, 기둥코 사슬1개, (반시계 방향으로 돌리기)	15
	15	2코 줄이기x1회, 짧은뜨기x13회 반복, 기둥코 사슬1개, (반시계 방향으로 돌리기)	14
	16	짧은뜨기x12회 반복, 2코 줄이기x1회, 기둥코 사슬1개, (반시계 방향으로 돌리기)	13
	17	2코 줄이기x1회, 짧은뜨기x11회 반복, 기둥코 사슬1개, (반시계 방향으로 돌리기)	12
	18	짧은뜨기x10회 반복, 2코 줄이기x1회, 기둥코 사슬1개, (반시계 방향으로 돌리기)	11
	19	2코 줄이기x1회, 짧은뜨기x9회 반복, 기둥코 사슬1개, (반시계 방향으로 돌리기)	10
	20~26	짧은뜨기x6회 반복, 기둥코 사슬1개, (반시계 방향으로 돌리기)	6
	27	짧은뜨기x6회 반복	6

첫번째는 실을 약 10cm 남기고 자르고 두번째는 실을 자르지 않고 이어서 테두리를 연결한다.

Y 색상 A, E

Part	단수	설명	코수
A		사슬 7개 만들기	7
	1	(두 번째 사슬부터) 짧은뜨기x6회 반복, 기둥코 사슬1개, (반시계 방향으로 돌리기)	6
	2~12	짧은뜨기x6회 반복, 기둥코 사슬1개, (반시계 방향으로 돌리기)	6
	13	2코 늘리기x1회, 짧은뜨기x4회 반복, 2코 늘리기x1회, 기둥코 사슬1개, (반시계 방향으로 돌리기)	8
	14	짧은뜨기x8회 반복, 기둥코 사슬1개, (반시계 방향으로 돌리기)	8
	15	2코 늘리기x1회, 짧은뜨기x6회 반복, 2코 늘리기x1회, 기둥코 사슬1개, (반시계 방향으로 돌리기)	10
	16	2코 늘리기x1회, 짧은뜨기x8회 반복, 2코 늘리기x1회, 기둥코 사슬1개, (반시계 방향으로 돌리기)	12
	17	짧은뜨기x12회 반복, 기둥코 사슬1개, (반시계 방향으로 돌리기)	12
	18	2코 늘리기x1회, 짧은뜨기x3회 반복, 2코 줄이기x1회, 기둥코 사슬1개, (반시계 방향으로 돌리기)	6
	19	2코 줄이기x1회, 짧은뜨기x3회 반복, 2코 늘리기x1회, 기둥코 사슬1개, (반시계 방향으로 돌리기)	6
	20	짧은뜨기x6회 반복, 기둥코 사슬1개, (반시계 방향으로 돌리기)	6
	21	2코 줄이기x1회, 짧은뜨기x3회 반복, 2코 늘리기x1회, 기둥코 사슬1개, (반시계 방향으로 돌리기)	6
	22	짧은뜨기x6회 반복, 기둥코 사슬1개, (반시계 방향으로 돌리기)	6
	23	2코 줄이기x1회, 짧은뜨기x3회 반복, 2코 늘리기x1회, 기둥코 사슬1개, (반시계 방향으로 돌리기)	6
	24	짧은뜨기x6회 반복, 기둥코 사슬1개, (반시계 방향으로 돌리기)	6
	25	2코 줄이기x1회, 짧은뜨기x3회 반복, 2코 늘리기x1회, 기둥코 사슬1개, (반시계 방향으로 돌리기)	6
	26	짧은뜨기x6회 반복, 기둥코 사슬1개, (반시계 방향으로 돌리기)	6
	27	2코 줄이기x1회, 짧은뜨기x3회 반복, 2코 늘리기x1회, 기둥코 사슬1개, (반시계 방향으로 돌리기)	6
		실을 약 7cm 남기고 자른다.	
B	18	(실을 새로 연결한 뒤) 사슬1개, (연결한 자리부터) 2코 줄이기x1회, 짧은뜨기x3회 반복, 2코 늘리기x1회, 기둥코 사슬1개, (반시계 방향으로 돌리기)	6
	19	2코 늘리기x1회, 짧은뜨기x3회 반복, 2코 줄이기x1회, 기둥코 사슬1개, (반시계 방향으로 돌리기)	6
	20	짧은뜨기x6회 반복, 기둥코 사슬1개, (반시계 방향으로 돌리기)	6
	21	2코 늘리기x1회, 짧은뜨기x3회 반복, 2코 줄이기x1회, 기둥코 사슬1개, (반시계 방향으로 돌리기)	6
	22	짧은뜨기x6회 반복, 기둥코 사슬1개, (반시계 방향으로 돌리기)	6
	23	2코 늘리기x1회, 짧은뜨기x3회 반복, 2코 줄이기x1회, 기둥코 사슬1개, (반시계 방향으로 돌리기)	6
	24	짧은뜨기x6회 반복, 기둥코 사슬1개, (반시계 방향으로 돌리기)	6
	25	2코 늘리기x1회, 짧은뜨기x3회 반복, 2코 줄이기x1회, 기둥코 사슬1개, (반시계 방향으로 돌리기)	6
	26	짧은뜨기x6회 반복, 기둥코 사슬1개, (반시계 방향으로 돌리기)	6
	27	2코 늘리기x1회, 짧은뜨기x3회 반복, 2코 줄이기x1회	6

첫번째는 실을 약 10cm 남기고 자르고 두번째는 실을 자르지 않고 이어서 테두리를 연결한다.

N 색상F

Part	단수	설명	코수
A		사슬 7개 만들기	7
	1	(두 번째 사슬부터) 짧은뜨기x6회 반복, 기둥코 사슬1개, (반시계 방향으로 돌리기)	6
	2	2코 늘리기x1회, 짧은뜨기x5회 반복, 기둥코 사슬1개, (반시계 방향으로 돌리기)	7
	3	짧은뜨기x7회 반복, 기둥코 사슬1개, (반시계 방향으로 돌리기)	7
	4	2코 늘리기x1회, 짧은뜨기x6회 반복, 기둥코 사슬1개, (반시계 방향으로 돌리기)	8
	5	짧은뜨기x8회 반복, 기둥코 사슬1개, (반시계 방향으로 돌리기)	8
	6	2코 늘리기x1회, 짧은뜨기x7회 반복, 기둥코 사슬1개, (반시계 방향으로 돌리기)	9
	7	짧은뜨기x9회 반복, 기둥코 사슬1개, (반시계 방향으로 돌리기)	9
	8	2코 늘리기x1회, 짧은뜨기x8회 반복, 기둥코 사슬1개, (반시계 방향으로 돌리기)	10
	9	짧은뜨기x10회 반복, 사슬 7개, (반시계 방향으로 돌리기)	17
	10	(두 번째 사슬부터) 짧은뜨기x10회 반복, 기둥코 사슬1개, (반시계 방향으로 돌리기)	16
	11~12	짧은뜨기x16회 반복, 기둥코 사슬1개, (반시계 방향으로 돌리기)	16
	13~19	짧은뜨기x6회 반복, 기둥코 사슬1개, (반시계 방향으로 돌리기)	6
	20	짧은뜨기x6회 반복, 실을 약 7cm 남기고 자른다.	6
B	13	(실을 새로 연결한 뒤) 사슬1개, (연결한 자리부터) 2코 줄이기x1회, 짧은뜨기x8회 반복, 기둥코 사슬1개, (반시계 방향으로 돌리기)	9
	14	짧은뜨기x9회 반복, 기둥코 사슬1개, (반시계 방향으로 돌리기)	9
	15	2코 줄이기x1회, 짧은뜨기x7회 반복, 기둥코 사슬1개, (반시계 방향으로 돌리기)	8
	16	짧은뜨기x8회 반복, 기둥코 사슬1개, (반시계 방향으로 돌리기)	8
	17	2코 줄이기x1회, 짧은뜨기x6회 반복, 기둥코 사슬1개, (반시계 방향으로 돌리기)	7
	18	짧은뜨기x7회 반복, 기둥코 사슬1개, (반시계 방향으로 돌리기)	7
	19	2코 줄이기x1회, 짧은뜨기x5회 반복, 기둥코 사슬1개, (반시계 방향으로 돌리기)	6
	20	짧은뜨기x6회 반복, 실을 약 7cm 남기고 자른다.	6
C	1	(실을 새로 연결한 뒤) 사슬1개, (연결한 자리부터) 짧은뜨기x6회 반복, 기둥코 사슬1개, (반시계 방향으로 돌리기)	6
	2~8	짧은뜨기x6회 반복, 기둥코 사슬1개, (반시계 방향으로 돌리기)	6
	9	짧은뜨기x6회 반복	6

첫번째는 실을 약 10cm 남기고 자르고 두번째는 실을 자르지 않고 이어서 테두리를 연결한다.

E 색상G

Part	단수	설명	코수
		사슬 15개 만들기	15
	1	(두 번째 사슬부터) 짧은뜨기x14회 반복, 기둥코 사슬1개, (반시계 방향으로 돌리기)	14
	2~5	짧은뜨기x14회 반복, 기둥코 사슬1개, (반시계 방향으로 돌리기)	14
	6~7	짧은뜨기x6회 반복, 기둥코 사슬1개, (반시계 방향으로 돌리기)	6
	8	짧은뜨기x6회 반복, 사슬 7개, (반시계 방향으로 돌리기)	13
	9	(두 번째 사슬부터) 짧은뜨기x12회 반복, 기둥코 사슬1개, (반시계 방향으로 돌리기)	12
	10~13	짧은뜨기x12회 반복, 기둥코 사슬1개, (반시계 방향으로 돌리기)	12
	14~15	짧은뜨기x6회 반복, 기둥코 사슬1개, (반시계 방향으로 돌리기)	6
	16	짧은뜨기x6회 반복, 사슬 9개, (반시계 방향으로 돌리기)	15
	17	(두 번째 사슬부터) 짧은뜨기x14회 반복, 기둥코 사슬1개, (반시계 방향으로 돌리기)	14
	18~20	짧은뜨기x14회 반복, 기둥코 사슬1개, (반시계 방향으로 돌리기)	14
	21	짧은뜨기x14회 반복	14

첫번째는 실을 약 10cm 남기고 자르고 두번째는 실을 자르지 않고 이어서 테두리를 연결한다.

W 색상H

Part	단수	설명	코수
		사슬 7개 만들기	7
	1	(두 번째 사슬부터) 짧은뜨기x6회 반복, 기둥코 사슬1개, (반시계 방향으로 돌리기)	6
	2	짧은뜨기x6회 반복, 기둥코 사슬1개, (반시계 방향으로 돌리기)	6
	3	2코 늘리기x1회, 짧은뜨기x5회 반복, 기둥코 사슬1개, (반시계 방향으로 돌리기)	7
	4~5	짧은뜨기x7회 반복, 기둥코 사슬1개, (반시계 방향으로 돌리기)	7
	6	짧은뜨기x6회 반복, 2코 늘리기x1회, 기둥코 사슬1개, (반시계 방향으로 돌리기)	8
	7	짧은뜨기x7회 반복, 2코 늘리기x1회, 기둥코 사슬1개, (반시계 방향으로 돌리기)	9
	8	짧은뜨기x9회 반복, 기둥코 사슬1개, (반시계 방향으로 돌리기)	9
A	9	짧은뜨기x8회 반복, 2코 늘리기x1회, 사슬 11개, (반시계 방향으로 돌리기)	21
	10	(두 번째 사슬부터) 짧은뜨기x20회 반복, 기둥코 사슬1개, (반시계 방향으로 돌리기)	20
	11	짧은뜨기x20회 반복, 기둥코 사슬1개, (반시계 방향으로 돌리기)	20
	12	2코 늘리기x1회, 짧은뜨기x18회 반복, 2코 늘리기x1회, 기둥코 사슬1개, (반시계 방향으로 돌리기)	22
	13~15	짧은뜨기x6회 반복, 기둥코 사슬1개, (반시계 방향으로 돌리기)	6
	16	2코 줄이기x1회, 짧은뜨기x3회 반복, 2코 늘리기x1회	6
	17~18	짧은뜨기x6회 반복, 기둥코 사슬1개, (반시계 방향으로 돌리기)	6
	19	2코 늘리기x1회, 짧은뜨기x3회 반복, 2코 줄이기x1회	6
	20	짧은뜨기x6회 반복, 기둥코 사슬1개, (반시계 방향으로 돌리기)	6
	21	짧은뜨기x6회 반복, 실을 약 7cm 남기고 자른다.	6

B	13	(실을 7번째 코에 새로 연결한 뒤) 사슬1개, (연결한 자리부터) 2코 줄이기x1회, 짧은뜨기x6회 반복, 2코 줄이기x1회, 기둥코 사슬1개, (반시계 방향으로 돌리기)	8
	14	짧은뜨기x8회 반복, 기둥코 사슬1개, (반시계 방향으로 돌리기)	8
	15	2코 줄이기x1회, 짧은뜨기x4회 반복, 2코 줄이기x1회, 기둥코 사슬1개, (반시계 방향으로 돌리기)	6
	16	짧은뜨기x6회 반복, 기둥코 사슬1개, (반시계 방향으로 돌리기)	6
	17	2코 줄이기x1회, 짧은뜨기x2회 반복, 2코 줄이기x1회, 기둥코 사슬1개, (반시계 방향으로 돌리기)	4
	18	짧은뜨기x4회 반복, 기둥코 사슬1개, (반시계 방향으로 돌리기)	4
	19	2코 줄이기x2회 반복, 실을 약 7cm 남기고 자른다.	2

C	13	(실을 17번 째 코에 새로 연결한 뒤) 사슬1개, (연결한 자리부터) 짧은뜨기X6회 반복, 기둥코 사슬1개, (반시계 방향으로 돌리기)	6
	14~15	짧은뜨기x6회 반복, 기둥코 사슬1개, (반시계 방향으로 돌리기)	6
	16	2코 늘리기x1회, 짧은뜨기x3회 반복, 2코 줄이기x1회, 기둥코 사슬1개, (반시계 방향으로 돌리기)	6
	17~18	짧은뜨기x6회 반복, 기둥코 사슬1개, (반시계 방향으로 돌리기)	6
	19	2코 줄이기x1회, 짧은뜨기x3회 반복, 2코 늘리기x1회, 기둥코 사슬1개, (반시계 방향으로 돌리기)	6
	20	짧은뜨기x6회 반복, 기둥코 사슬1개, (반시계 방향으로 돌리기)	6
	21	짧은뜨기x6회 반복, 실을 약 7cm 남기고 자른다.	6

D	1	(실을 9단에 새로 연결한 뒤) 사슬1개, (연결한 자리부터) 짧은뜨기x8회 반복, 2코 줄이기x1회, 기둥코 사슬1개, (반시계 방향으로 돌리기)	9
	2	짧은뜨기x9회 반복, 기둥코 사슬1개, (반시계 방향으로 돌리기)	9
	3	짧은뜨기x7회 반복, 2코 줄이기x1회, 기둥코 사슬1개, (반시계 방향으로 돌리기)	8
	4	짧은뜨기x6회 반복, 2코 줄이기x1회, 기둥코 사슬1개, (반시계 방향으로 돌리기)	7
	5~6	짧은뜨기x7회 반복, 기둥코 사슬1개, (반시계 방향으로 돌리기)	7
	7	짧은뜨기x5회 반복, 2코 줄이기x1회, 기둥코 사슬1개, (반시계 방향으로 돌리기)	6
	8	짧은뜨기x6회 반복	6

첫번째는 실을 약 10cm 남기고 자르고 두번째는 실을 자르지 않고 이어서 테두리를 연결한다.

R 색상 C

Part	단수	설명	코수
A		사슬 12개 만들기	12
A	1	(두 번째 사슬부터) 짧은뜨기x11회 반복, 기둥코 사슬1개, (반시계 방향으로 돌리기)	11
A	2	짧은뜨기x10회 반복, 2코 늘리기x1회, 기둥코 사슬1개, (반시계 방향으로 돌리기)	12
A	3	2코 늘리기x1회, 짧은뜨기x11회 반복, 기둥코 사슬1개, (반시계 방향으로 돌리기)	13
A	4	짧은뜨기x12회 반복, 2코 늘리기x1회, 기둥코 사슬1개, (반시계 방향으로 돌리기)	14
A	5	2코 늘리기x1회, 짧은뜨기x13회 반복, 기둥코 사슬1개, (반시계 방향으로 돌리기)	15
A	6~9	짧은뜨기x6회 반복, 기둥코 사슬1개, (반시계 방향으로 돌리기)	6
A	10	짧은뜨기x6회 반복, 실을 약 7cm 남기고 자른다.	6
B	6	(실을 9번째 코에 새로 연결한 뒤) 사슬1개, (연결한 자리부터) 2코 줄이기X1회, 짧은뜨기x5회 반복, 기둥코 사슬1개, (반시계 방향으로 돌리기)	6
B	7	2코 늘리기x1회, 짧은뜨기x3회 반복, 2코 줄이기x1회, 기둥코 사슬1개, (반시계 방향으로 돌리기)	6
B	8~9	짧은뜨기x6회 반복, 기둥코 사슬1개, (반시계 방향으로 돌리기)	6
B	10	2코 늘리기x1회, 짧은뜨기x3회 반복, 2코 줄이기x1회, 기둥코 사슬1개, (반시계 방향으로 돌리기)	6
B	11	짧은뜨기x5회 반복, 2코 늘리기x1회, 사슬2개, (Part A에 이어서) 짧은뜨기x6회 반복, 기둥코 사슬1개, (반시계 방향으로 돌리기)	15
B	12	짧은뜨기x13회 반복, 2코 줄이기x1회, 기둥코 사슬1개, (반시계 방향으로 돌리기)	14
B	13	2코 줄이기x1회, 짧은뜨기x12회 반복, 기둥코 사슬1개, (반시계 방향으로 돌리기)	13
B	14	짧은뜨기x11회 반복, 2코 줄이기x1회, 기둥코 사슬1개, (반시계 방향으로 돌리기)	12
B	15	2코 줄이기x1회, 짧은뜨기x10회 반복, 기둥코 사슬1개, (반시계 방향으로 돌리기)	11
B	16~21	짧은뜨기x6회 반복, 기둥코 사슬1개, (반시계 방향으로 돌리기)	6
B	22	짧은뜨기x6회 반복, 실을 약 7cm 남기고 자른다.	6
C	1	(실을 새로 연결한 뒤) 사슬1개, (연결한 자리부터) 짧은뜨기x4회 반복, 2코 늘리기x1회 기둥코 사슬1개, (반시계 방향으로 돌리기)	6
C	2	2코 늘리기x1회, 짧은뜨기x3회 반복, 2코 줄이기x1회, 기둥코 사슬1개, (반시계 방향으로 돌리기)	6
C	3	짧은뜨기x6회 반복, 기둥코 사슬1개, (반시계 방향으로 돌리기)	6
C	4	2코 늘리기x1회, 짧은뜨기x3회 반복, 2코 줄이기x1회, 기둥코 사슬1개, (반시계 방향으로 돌리기)	6
C	5	짧은뜨기x6회 반복, 기둥코 사슬1개, (반시계 방향으로 돌리기)	6
C	6	2코 늘리기x1회, 짧은뜨기x3회 반복, 2코 줄이기x1회, 기둥코 사슬1개, (반시계 방향으로 돌리기)	6
C	7	짧은뜨기x6회 반복, 기둥코 사슬1개, (반시계 방향으로 돌리기)	6
C	8	2코 늘리기x1회, 짧은뜨기x3회 반복, 2코 줄이기x1회, 기둥코 사슬1개, (반시계 방향으로 돌리기)	6
C	9	짧은뜨기x6회 반복	6

첫번째는 실을 약 10cm 남기고 자르고 두번째는 실을 자르지 않고 이어서 테두리를 연결한다.

1 A, B, C, D를 파트별로 연결해 가면서 2개를 떠준다.
  Part A부터 사슬 7개로 시작한다.

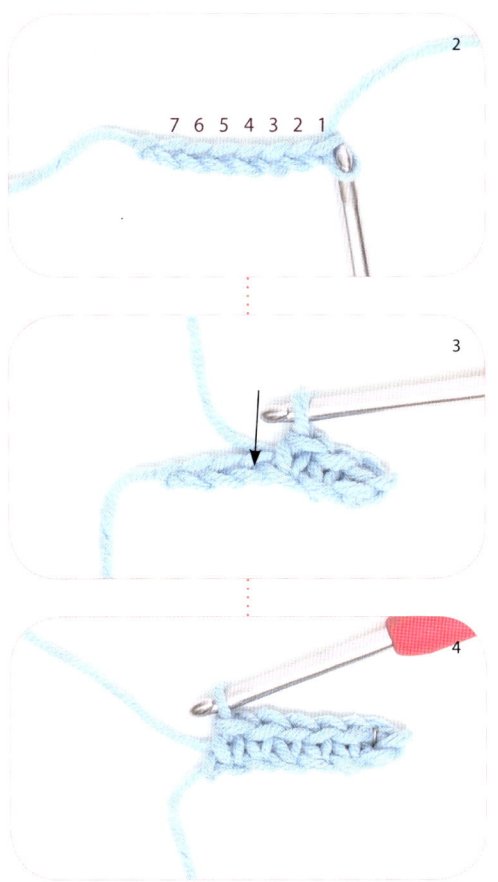

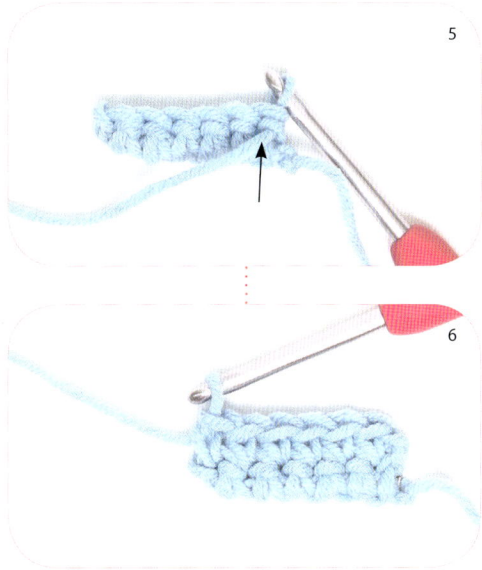

5~6 평면으로 뜨기 때문에 매 단마다 기둥코 사슬1개를 만들어준 뒤 반시계 방향으로 돌려서 화살표가 있는 첫 코부터 떠준다. 이 때, 반시계 방향으로 먼저 돌려준 뒤 기둥코 사슬 1개를 만들어도 상관없다.

2~4 기둥코 사슬 한 개를 건너뛰고 두 번째 사슬부터 짧은뜨기를 뜬다. 이 때, 사슬 아래 반코에 바늘을 넣고 떠준다.

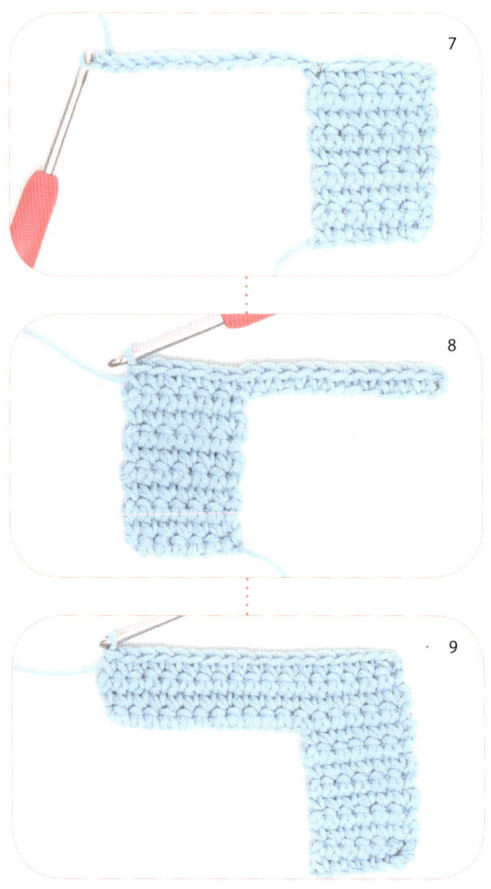

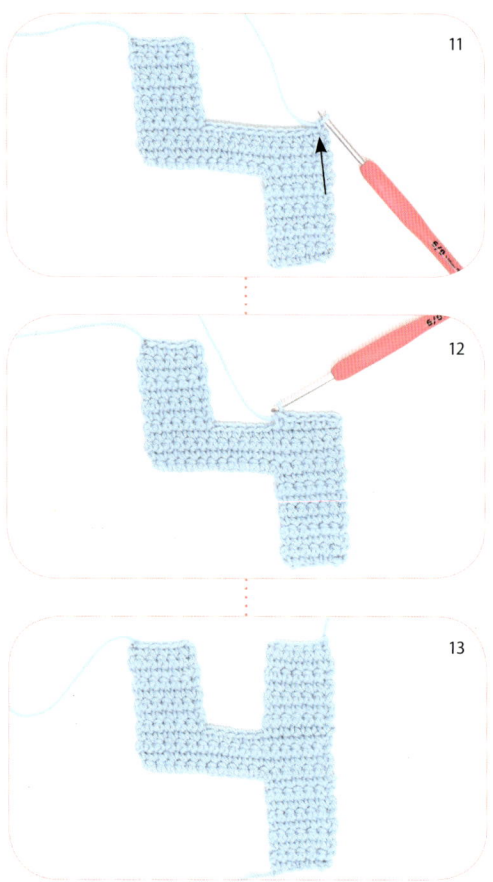

7~9 1~8단까지 짧은뜨기 6개를 떠준 후 9단에서는 짧은뜨기 6개를 뜬 다음 사슬 13개를 떠서 H 가운데 브릿지 부분을 만든다. 기둥코 사슬 1개를 건너뛴 뒤 두 번째 사슬부터 13단까지 도안을 보면서 뜬다.

11~13 실을 새로 연결해서 Part C를 떠준다. 시작할 때 실을 연결 후 기둥코 사슬 1개를 만든 뒤 화살표가 있는 자리부터 떠준다.

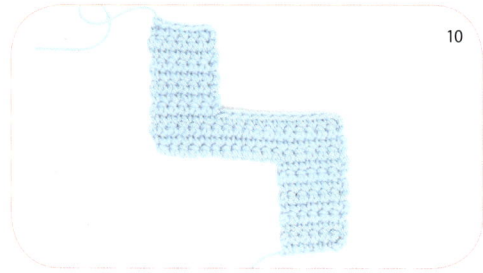

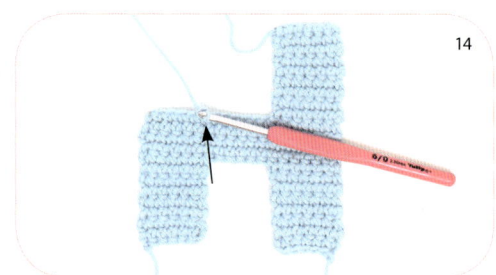

10 이어서 Part B를 뜬다.

14 실을 새로 연결해서 Part D를 떠준다.

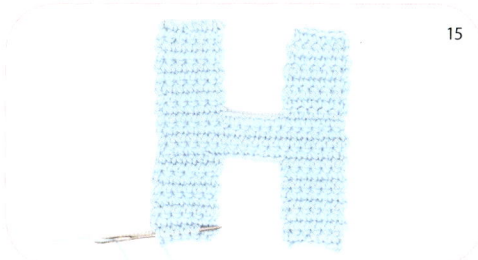

15 H가 완성된 모습이다.

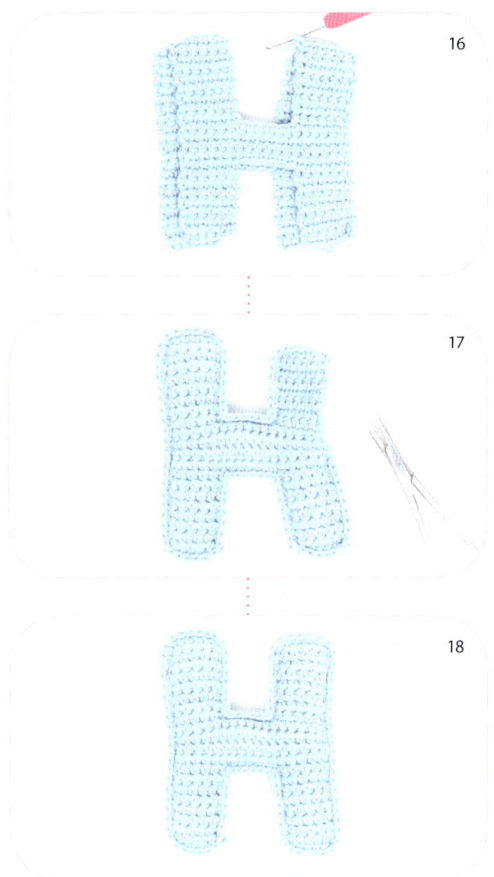

16~18 실을 새로 연결해서 Part D를 완성 후 실을 자르지 않고 두 개의 H를 안감 면끼리 맞대고 테두리를 짧은뜨기로 연결한다. 이 때, 코너에만 짧은뜨기를 2개씩 뜬다. 남은 실은 돗바늘을 사용해서 정리해주고 마무리 전에 솜을 납작하게 채운 뒤 나머지도 뜬 다음 돗바늘로 땀을 하나 만들어 정리한다.

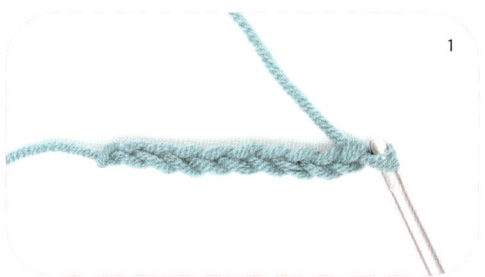

1 A, B, C를 파트별로 연결해 가면서 2개를 떠준다. Part A부터 사슬 9개로 시작한다.

2 기둥코 사슬 한 개를 건너뛰고 두 번째 사슬부터 짧은뜨기를 8개 뜬다. 이 때, 사슬 아래 반코에 바늘을 넣고 떠준다.

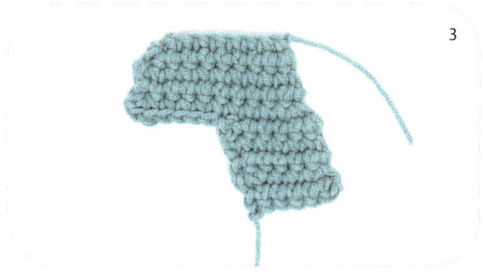

3 도안을 보면서 Part A를 떠준다.

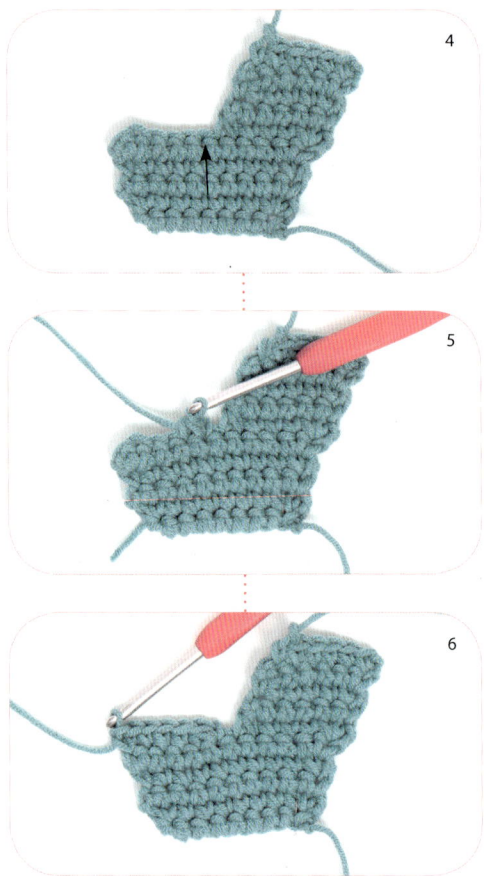

4~6 화살표가 표시된 위치에 실을 새로 연결한 후 Part B를 이어서 10단까지 떠준다.

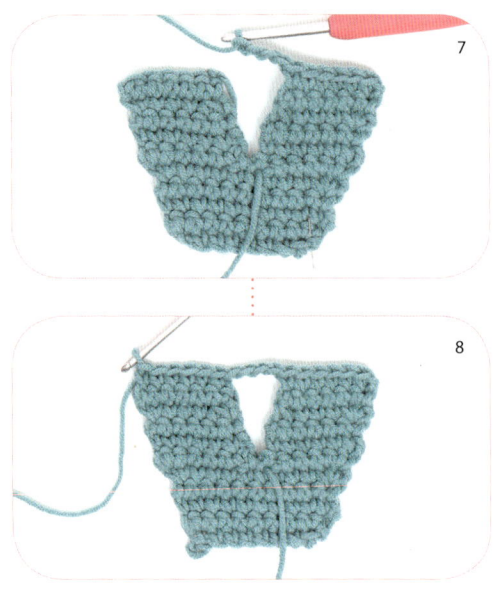

7~8 11단의 경우 짧은뜨기를 6개 뜬 후 바로 이어서 사슬 4개를 뜨고 이어서 나머지 6코에도 짧은뜨기를 각 코에 한 개씩 떠준다.

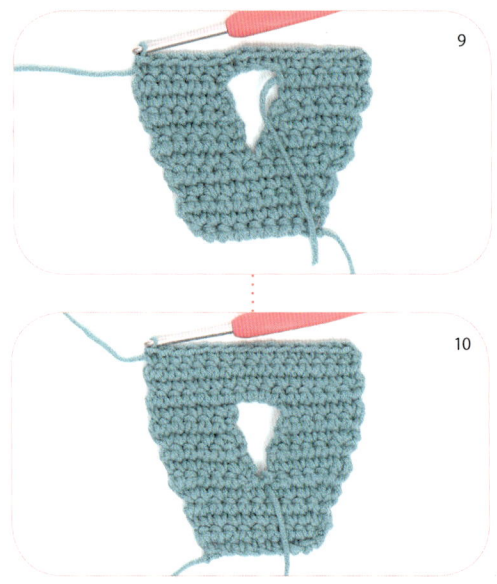

9~10 12단부터 15단까지 짧은뜨기를 각 코에 하나씩 떠주되 12단의 경우는 사슬코에 떠준다.

11 A의 오른쪽 다리를 도안 16단~22단을 보며 떠준다.

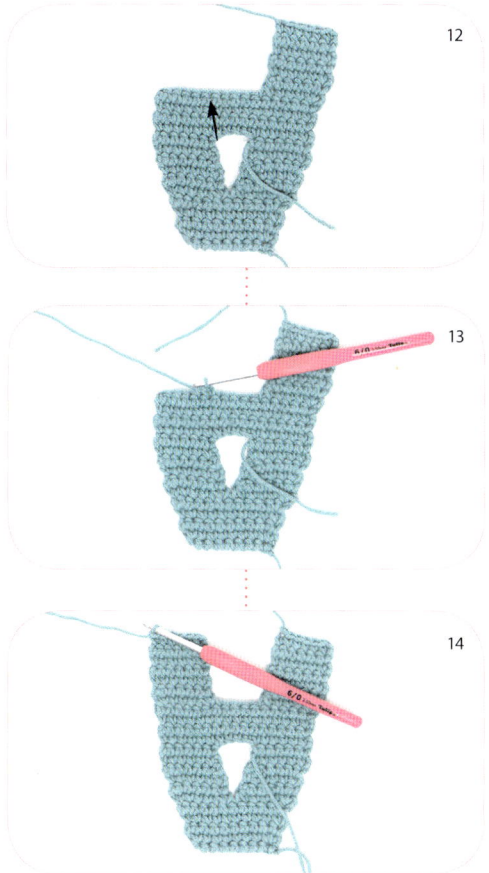

12~14 화살표가 표시된 위치에 실을 새로 연결해서 Part C를 떠준다.

15~18 완성 후 한 개는 약 7cm 실을 남긴 뒤 자르고 다른 하나는 자르지 않은 상태에서 두 개의 A를 안감 면끼리 맞대고 테두리를 짧은뜨기로 연결한다. 이때, 코너에만 짧은뜨기를 2개씩 뜬다. 남은 실은 돗바늘로 정리해주고 마무리 전에 A 가운데 부분도 짧은뜨기로 연결한다. 3분의 2 연결 후 솜을 납작하게 채운 뒤 나머지 부분도 짧은뜨기로 완성한다.

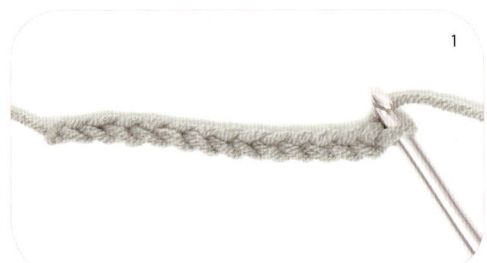

1 A, B, C를 파트별로 연결해 가면서 2개를 떠준다. Part A부터 사슬 13개로 시작한다.

2 기둥코 사슬 한 개를 건너뛰고 두 번째 사슬부터 짧은뜨기를 12개 뜬다. 이 때, 사슬 아래 반코에 바늘을 넣고 떠준다.

3 도안을 보고 2단 부터 12단까지 떠준다.

4 13단의 경우 첫 두 코를 줄인 후 짧은뜨기를 5회 반복한 다음 사슬을 4개 뜬 후 실을 자르지 않은 상태 그대로 둔다.

5 Part A의 13단에서 풀리지 않게 고리를 길게 빼놓고 화살표가 있는 자리에 새로운 실을 걸어 Part B의 7단을 시작한다.

6 8단~12단까지 도안을 보고 뜬 다음, 실을 약 7cm 남기고 자른다. 13단에서 둔 고리를 다시 코바늘에 걸어준다.

7 이어서 Part C의 13단을 떠준다. 방법은 Part B의 남은 6코를 화살표가 표시된 위치부터 시작해 짧은뜨기로 각각 한 코씩 떠주면 된다.

8 도안을 보며 14단 부터 27단 까지 떠준다.

9~11 완성 후 한 개는 약 7cm 실을 남긴뒤 자르고 다른 하나는 자르지 않은 상태에서 두 개의 P를 안감면끼리 맞대고 테두리를 짧은뜨기로 연결한다. 단, 코너에만 짧은뜨기를 2개씩 떠준다. 남은 실은 돗바늘로 정리해주고 마무리 전에 P 가운데 부분도 짧은뜨기로 연결한다. 3분의 2 연결 후 솜을 납작하게 채운뒤 나머지 부분도 짧은뜨기로 완성한다.

1 A, B를 파트별로 연결해 가면서 2개를 떠준다. Part A부터 사슬 7개로 시작한다.

2 기둥코 사슬 한 개를 건너뛰고 두 번째 사슬부터 짧은뜨기를 6개 뜬다. 이 때, 사슬 아래 반코에 바늘을 넣고 떠준다.

3 도안을 보면서 2단 부터 17단까지 뜬다.

4 Part A의 18단 부터 27단 까지는 Y의 한쪽 다리가 완성된다.

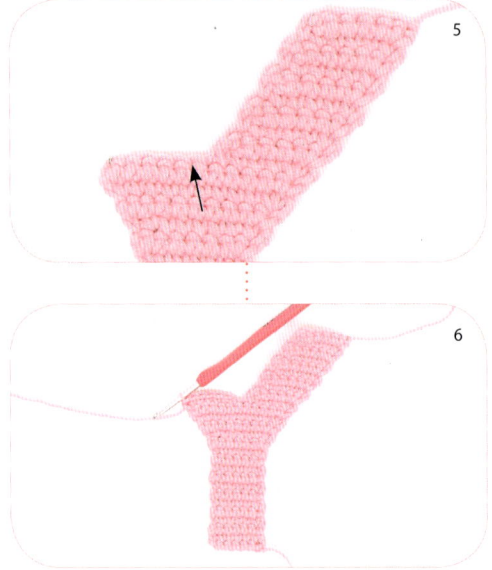

5~6 뒤집어서 화살표가 있는 위치부터 실을 연결해 Part B를 18단 부터 27단까지 떠준다.

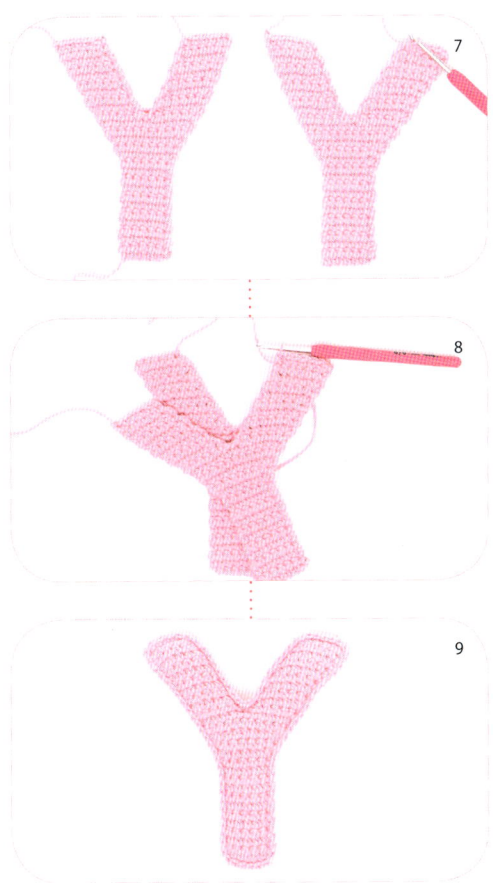

7~9 완성 후 한 개는 약 7cm 실을 남긴 뒤 자르고 다른 하나는 자르지 않은 상태에서 두 개의 Y를 안감 면끼리 맞대고 테두리를 짧은뜨기로 연결한다. 이 때, 코너에만 짧은뜨기를 2개씩 떠준다. 3분의 2 연결 후 솜을 납작하게 채운 뒤 나머지 부분도 짧은뜨기로 완성한다.

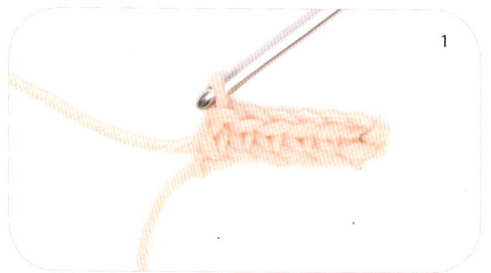

1 A, B, C를 파트별로 연결해 가면서 2개를 떠준다. Part A부터 사슬 7개로 시작해서 기둥코 사슬 한 개를 건너뛰고 두 번째 사슬부터 짧은뜨기를 6개 뜬다. 이 때, 사슬 아래 반코에 바늘을 넣고 떠준다.

2 도안을 보고 20단까지 떠준다. 9단에서는 짧은뜨기를 10개 뜬 후 바로 이어서 사슬을 총 7개 만든다.

3 10단에서는 두 번째 사슬부터 짧은뜨기를 총 16개 떠준다.

4 11~12단은 도안을 보고 떠준다.

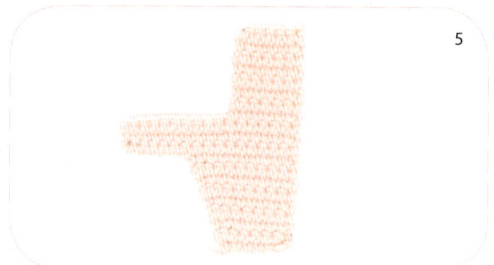

5 13단부터 20단까지는 짧은뜨기 6번만 반복해서 완성한다.

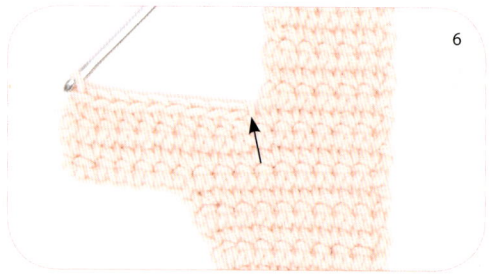

6 Part B의 13단의 경우 화살표가 있는 곳부터 실을 새로 연결해서 시작한다.

7 14단부터 20단까지 도안을 보며 떠준다.

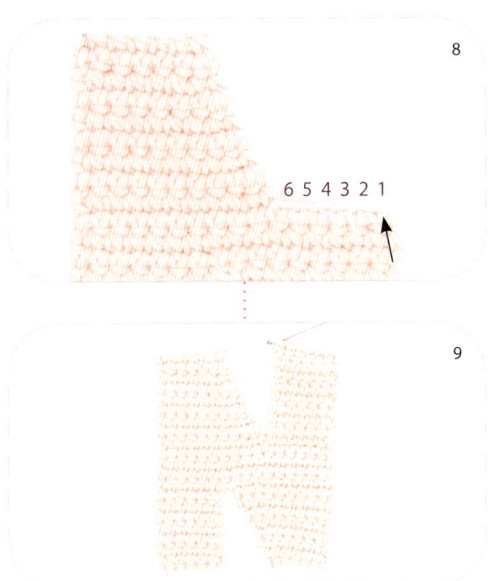

8~9 Part C의 1단은 거꾸로 잡고 화살표가 있는 위치부터 실을 새로 걸어서 시작해서 9단까지 떠준다.

10~12 완성 후 한 개는 약 7cm 실을 남긴 뒤 자르고 다른 하나는 자르지 않은 상태에서 두 개의 N을 안감 면끼리 맞대고 테두리를 짧은뜨기로 연결한다. 이 때, 코너에만 짧은뜨기를 두개씩 떠준다. 3분의 2 연결 후 솜을 납작하게 채운 뒤 나머지 부분도 짧은뜨기로 완성한다.

1 사슬 15개로 시작해서 7단까지 떠준다.

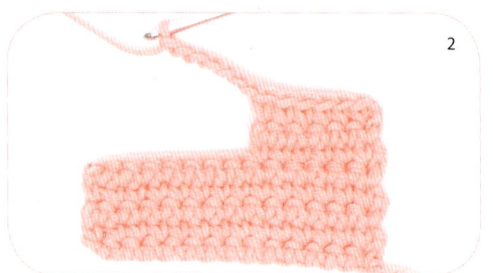

2 8단은 짧은뜨기를 6개 뜬 후 바로 이어서 사슬을 7개 떠준다.

3 9단은 두 번째 사슬부터 짧은뜨기를 각 코에 하나씩 12개 떠준다.

4 10단부터 15단까지 도안을 보고 떠주고 16단은 9단과 같은 방법으로 떠주면 된다. 이어서 21단까지 떠준다.

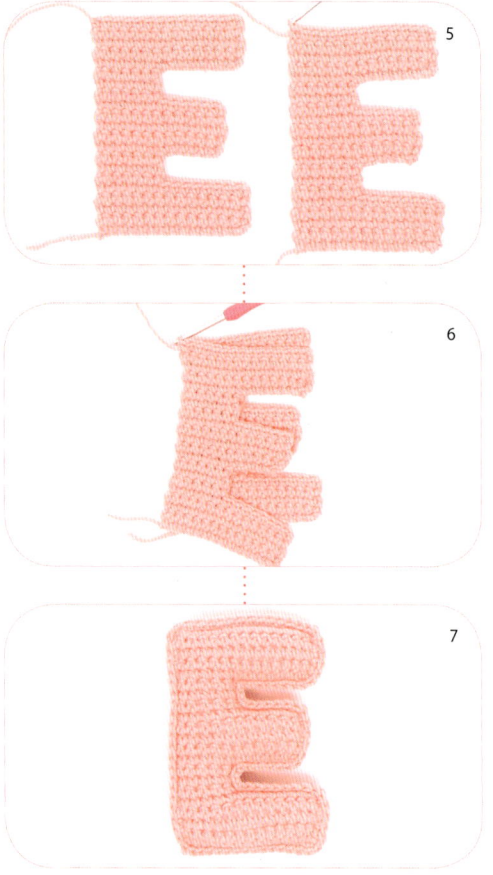

5~7 완성 후 한 개는 약 7cm 실을 남긴 뒤 자르고 다른 하나는 자르지 않은 상태에서 두 개의 E를 안감 면끼리 맞대고 테두리를 짧은뜨기로 연결한다. 이 때, 코너에만 짧은뜨기를 두개씩 떠준다. 3분의 2 연결 후 솜을 납작하게 채운 뒤 나머지 부분도 짧은뜨기로 완성한다.

1 A, B, C, D를 파트별로 연결해 가면서 2개를 떠준다. Part A 부터 사슬 7개로 시작해서 기둥코 사슬 한 개를 건너뛰고 두 번째 사슬부터 짧은뜨기를 6개 뜬다. 이 때, 사슬 아래 반 코에 바늘을 넣고 떠준다. 도안을 보며 8단까지 떠준다.

2 9단은 짧은뜨기를 8개 뜨고, 다음 코에 2코를 늘린 후 이어서 사슬을 11개 만들어준다.

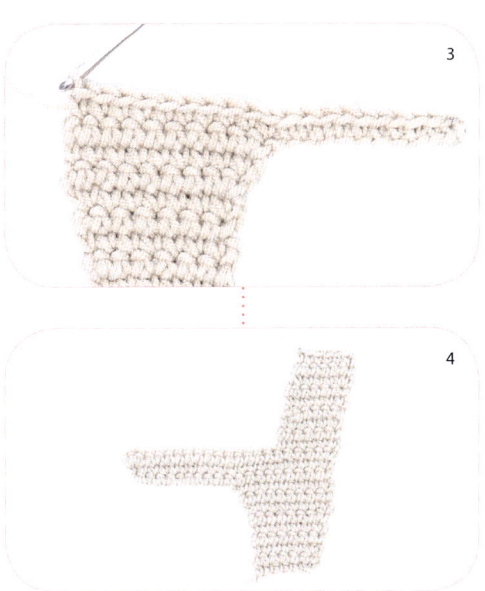

3~4 10단은 두 번째 사슬부터 짧은뜨기를 각 코에 하나씩 뜨고 이어서 11단부터 21단 까지 도안을 보며 떠준다.

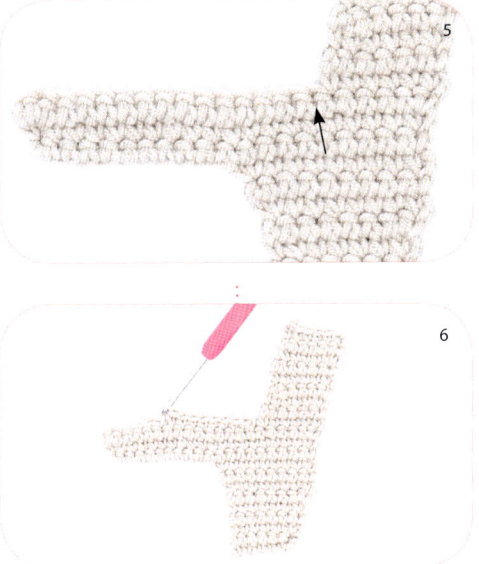

5~6 Part B의 13단은 화살표가 표시된 위치부터 시작하고 나머지 14단 부터 19단 까지 도안을 보면 떠준다.

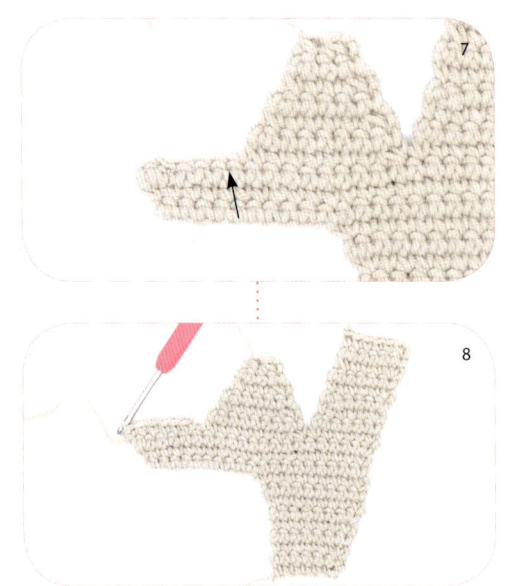

7~8 Part C의 13단은 화살표가 표시된 위치부터 시작하고 이어서 14단 부터 21단 까지 도안을 보고 떠준다.

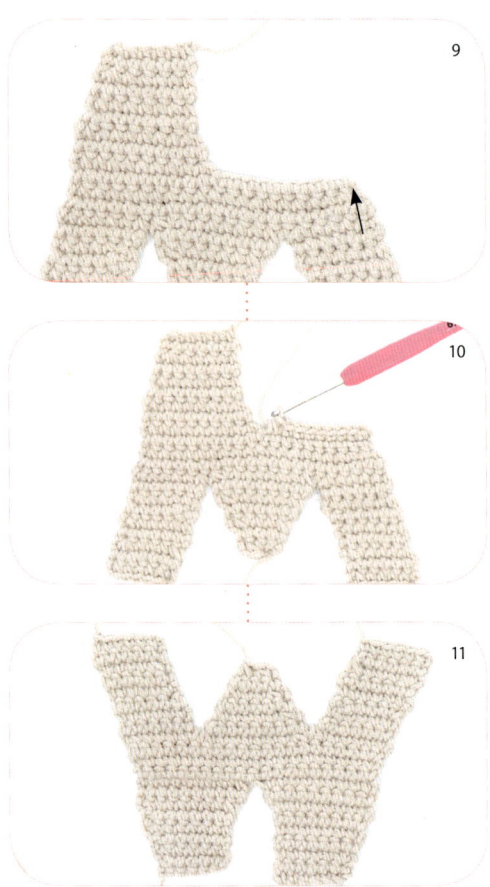

9~11 Part D의 1단은 뒤집어서 화살표가 표시된 위치부터 남은 반코에 떠준다. 이어서 2단 부터 8단까지 완성한다.

12~14 완성 후 한 개는 약 7cm 실을 남긴 뒤 자르고 다른 하나는 자르지 않은 상태에서 두 개의 W를 안감 면끼리 맞대고 테두리를 짧은뜨기로 연결한다. 이 때, 코너에만 짧은뜨기를 두개씩 떠준다. 3분의 2 연결 후 솜을 납작하게 채운 뒤 나머지 부분도 짧은뜨기로 완성한다.

1 A, B, C, D를 파트별로 연결해 가면서 2개를 떠준다. Part A 부터 사슬 12개로 시작해서 기둥코 사슬 한 개를 건너뛰고 두 번째 사슬부터 짧은뜨기를 11개 뜬다. 이 때, 사슬 아래 반코에 바늘을 넣고 떠준다. 도안을 보며 10단까지 떠준다.

4 11단의 경우 짧은뜨기를 5번 뜨고, 다음 코를 2코 늘리기 한 다음 사슬 2개를 뜨고 이어서 Part A에 짧은뜨기를 6개 떠준다.

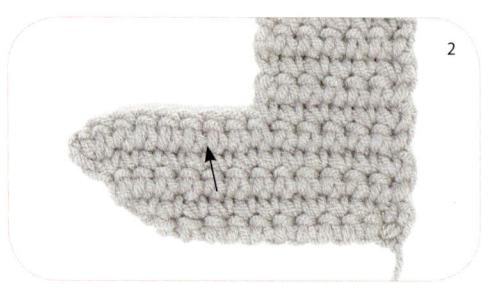

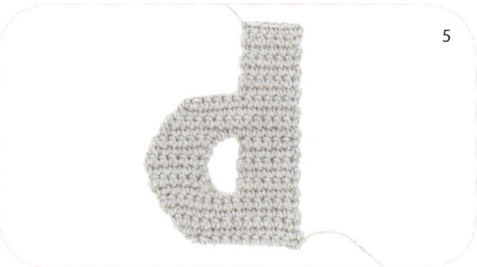

5 12단부터 22단까지 도안을 보고 떠준다.

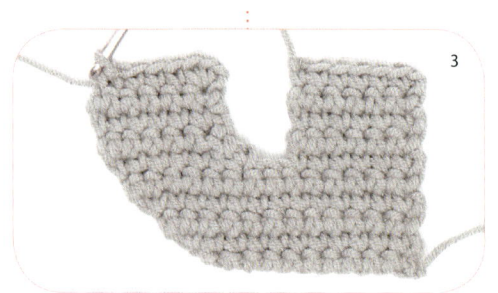

2~3 Part B의 6단의 경우 두 코 건너뛰고 화살표가 표시된 위치부터 시작해서 10단까지 떠준다.

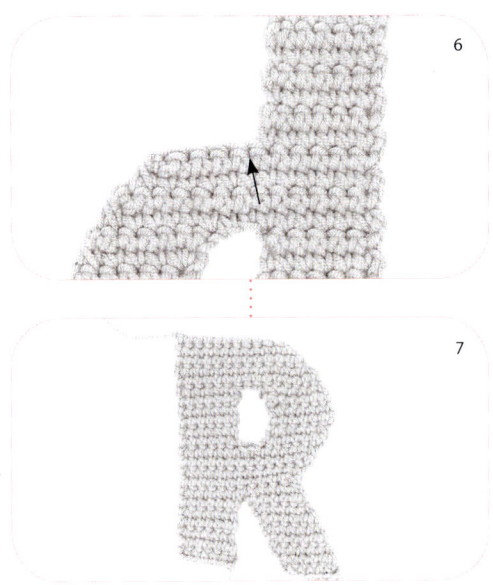

6~7 Part C의 1단의 경우 화살표가 표시된 첫 코부터 실을 연결해서 시작해 9단까지 떠준다.

8~10 완성 후 한 개는 약 7cm 실을 남긴 뒤 자르고 다른 하나는 자르지 않은 상태에서 두 개의 R을 안감 면끼리 맞대고 테두리를 짧은뜨기로 연결한다. 마무리 전에 가운데 부분도 연결해주고 각 코너는 짧은뜨기를 두개씩 떠준다. 3분의 2 연결 후 솜을 납작하게 채운 뒤 나머지 부분도 짧은뜨기로 완성한다.

발렌타인 데이 하트 가랜드

Valentine's Day

달콤한 초콜릿도 좋지만,
아기자기한 핸드메이드 하트 가랜드로 마음을 전해보는 건 어떨까요?
초콜릿 박스의 장식으로도, 인테리어 소품으로도 훌륭하답니다!
다양한 컬러와 크기의 하트 가랜드는 연출하는 재미도 선사해주지요.

실 : A-빨간색, B-흰색, 1개당 10g
우든볼 20mm 4개, 코바늘 모사용 6호

	단수	설명	코수
첫번째 봉우리	1	(원형고리 안에) 짧은뜨기 x 6회 반복, (첫 번째 코에) 빼뜨기 x 1회	6
	2	2코 늘리기 x 6회 반복	12
	3	(짧은뜨기 x 1회, 2코 늘리기 x 1회) x 6회 반복	18
	4~6	짧은뜨기 x 18회 반복	18
	약 7cm 남겨두고 자른다.		

	단수	설명	코수
두번째 봉우리	1	(원형고리 안에) 짧은뜨기 x 6회 반복, (첫 번째 코에) 빼뜨기 x 1회	6
	2	2코 늘리기 x 6회 반복	12
	3	(짧은뜨기 x 1회, 2코 늘리기 x 1회) x 6회 반복	18
	4~6	짧은뜨기 x 18회 반복	18
	7	첫 번째와 두 번째 봉우리를 겉면끼리 맞대고 다음 3코를 빼뜨기로 연결한 후 각각 15코씩 짧은뜨기로 떠서 총 30코를 만들어 준다.	30
	8	(마지막 빼뜨기로 연결한 자리부터) 짧은뜨기 x 30회 반복	30
	9	(짧은뜨기 x 3회 반복, 2코 줄이기 x 1회) x 6회 반복	24
	10	짧은뜨기 x 24회 반복	24
	11	(짧은뜨기 x 2회 반복, 2코 줄이기 x 1회) x 6회 반복	18
	12	(짧은뜨기 x 1회, 2코 줄이기 x 1회) x 6회 반복	12
	13	2코 줄이기 x 4회 반복	8
	약 7cm 남기고 자른 뒤 돗바늘 마무리		

1 첫 번째 봉우리를 만든 뒤 약 7cm 남기고 자른다.

2 돗바늘을 이용해서 땀을 하나 만든 뒤 남은 실은 안쪽으로 정리한다. (돗바늘로 땀 만들기 152p 참고하기)
도안을 보고 두 번째 봉우리를 만든다.

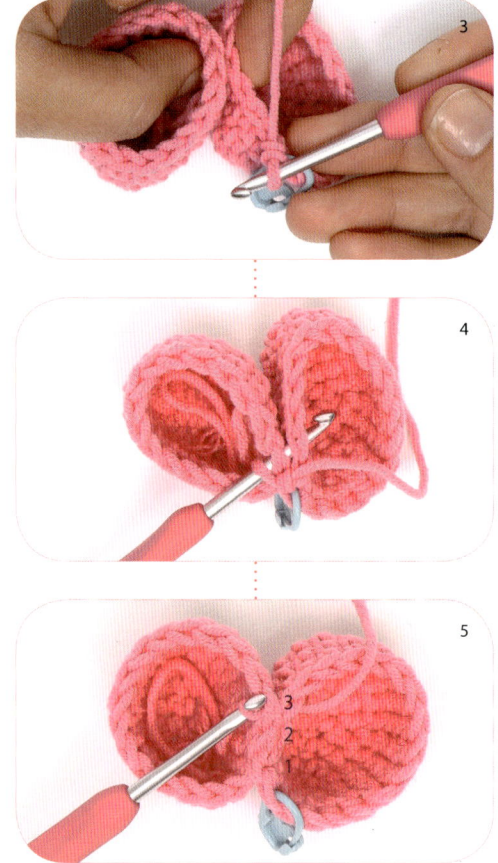

3~5 첫 번째 봉우리와 두 번째 봉우리를 겉면끼리 맞대고 다음 3코를 이어서 한꺼번에 빼뜨기로 연결한다.

6~7 다음 첫 번째 땀부터 짧은뜨기를 각각 15개씩 총 30코를 떠준다.

8 이렇게 해서 첫 번째 봉우리와 두 번째 봉우리가 연결이 되면 8단부터 12단 까지 떠준 후 겸자로 솜을 채운 뒤 13단을 떠주고 돗바늘 마무리를 한다.

새싹 가랜드 & 책갈피
Leaf & Spring sprout

파릇파릇한 잎사귀 가랜드로
생활 곳곳에 봄내음을 불어넣어 보세요.
벽걸이 장식처럼 연출해 싱그러움을 더해도 좋고,
잎사귀 가랜드 만드는 방법을 살짝 응용한 새싹 책갈피와 함께
따뜻한 봄 햇살 아래 책읽기를 해보는 건 어떨까요?

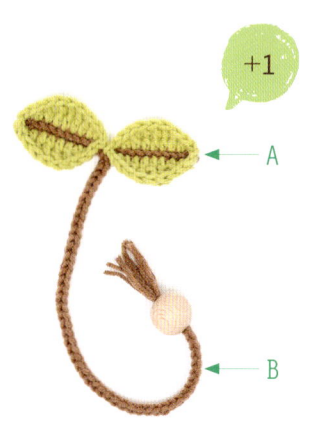

실 : 파릇파릇 잎사귀 (원하는 색상, 잎사귀 한 장당 3g),
새싹 책갈피 (A 올리브색 5g, B 갈색 5g)
코바늘 모사용 6호, 인테리어용 나뭇가지 약 30cm, 우든볼 20mm

파릇파릇 잎사귀 가랜드

단수	설명	코수
	(실을 약 30~35cm 남기고 시작) 사슬 11개 만들기	11
1	(두 번째 사슬부터) 빼뜨기x1회, 짧은뜨기x1회, 긴뜨기x2회 반복, 한길긴뜨기x2회 반복, 두길긴뜨기x2회 반복, 한길긴뜨기x1회, (마지막 사슬에) 긴뜨기x4회 반복, (반대편 반코에) 한길긴뜨기x1회, 두길긴뜨기x2회 반복, 한길긴뜨기x2회 반복, 긴뜨기x2회 반복, 짧은뜨기x1회, 빼뜨기x1회	22
	실을 약 7cm 남기고 자른다.	

새싹 책갈피 (갈색줄기) / 색상 B

단수	설명	코수
	사슬 61개 만들기	61
1	(두 번째 사슬부터) 빼뜨기x10회 반복, (바로 이어서) 사슬 11개 만들기, (두 번째 사슬부터) 빼뜨기x10회 반복,	
	나머지 긴 사슬도 빼뜨기를 끝까지 떠준다.	

새싹 책갈피 (잎사귀) / 색상 A

단수	설명	코수
1	사슬x1개, 짧은뜨기x1회, 긴뜨기x1회, 한길긴뜨기x1회, 두길긴뜨기x3회 반복, 한길긴뜨기x1회, 긴뜨기x1회, 짧은뜨기x1회, 빼뜨기x1회, 사슬1개, (반대편 사슬 반코부터) 짧은뜨기x1회, 긴뜨기x1회, 한길긴뜨기x1회, 두길긴뜨기x3회 반복, 한길긴뜨기x1회, 긴뜨기x1회, 짧은뜨기x1회, 빼뜨기x1회	21
	실을 약 7cm 남기고 자른다.	

파릇파릇 잎사귀

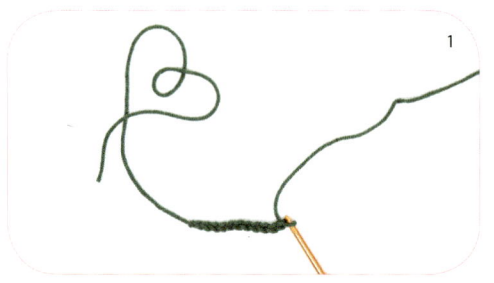

1 처음 시작할 때 나뭇가지에 묶어줄 수 있게 약 30cm~35cm 길이를 남기고 사슬을 11개 떠준다.

2~4 두 번째 사슬부터 도안을 보고 한 코에 하나씩 떠주되 마지막 사슬에는 긴뜨기를 총 4개 떠준다.

5 반대편 반코에도 도안을 보면서 한 코에 하나씩 떠준 후 약 7cm를 남긴 뒤 자른다.

8 파릇파릇 잎사귀 완성

6~7 돗바늘을 사용해 돗바늘로 땀 만들기(p00)를 해주되 이 번에는 첫 번째 땀에 바늘을 넣고 시작한다. 남은 실은 잎사귀 뒤편에 정리한다.

새싹 책갈피

5~6 초록색을 연결해 도안을 보면서 잎사귀를 만들어 준다. 이 때, 첫 번째 코 화살표 위치에 실을 연결해서 빼준 뒤 사슬 1개를 만든다.

1~4 새싹 책갈피: 갈색으로 사슬을 만든 후(사슬은 원하는 길이만큼 떠 줘도 된다.) 두 번째 사슬부터 빼뜨기를 10개만 뜬다. 바로 이어서 사슬을 11개 뜨고 두 번째 사슬부터 빼뜨기를 10개 떠준 뒤 나머지 사슬에도 빼뜨기를 각 코에 하나씩 뜨되 아래 반코에 뜬다.

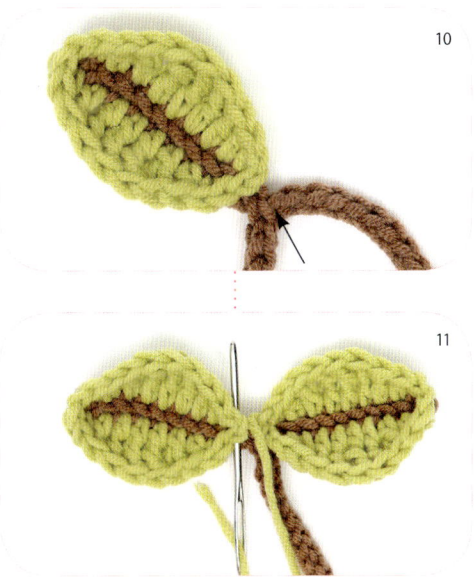

7~9 반대편 땀에도 도안을 보고 똑같이 떠준 후 실을 약 7cm 남기고 자른다. 남은 실은 돗바늘을 사용해서 땀 만들기를 해주되 파릇파릇 잎사귀와 마찬가지로 첫 번째 땀에 바늘을 넣고 시작한다.

10~11 다른 쪽 줄기에도 화살표 위치에 초록 실을 걸어서 잎사귀를 하나 더 만들어준 후 실을 약 7cm 남기고 자른다. 첫 번째 잎사귀처럼 완성 후 땀을 만들어준 다음 남은 실로 두 잎사귀 중앙부분을 연결시켜 준다. 남은 실은 잎사귀 뒤편에 정리한다.

12~14 책갈피 아래쪽 태슬 만들기: 실을 약 11cm 씩 자른다. 반으로 접은 뒤 양쪽 끝을 돗바늘에 꿰어준다. 책갈피 줄기에 바늘을 통과시킨 후 고리 사이에 돗바늘을 통과시켜 달아준다. 원하는 개수만큼 만들어준다.

15 새싹 책갈피 완성

부활절 토끼 가랜드 & 달걀
Easter bunny & Egg

앙증맞은 토끼 가랜드와 동글동글 달걀로
근사한 부활절 장식을 만들어보세요.
토끼 친구는 폼폼으로 만들어진 복슬복슬한 꼬리가 매력 포인트!
다양한 스티치로 마음껏 장식할 수 있는 달걀은
만드는 재미도 두 배!

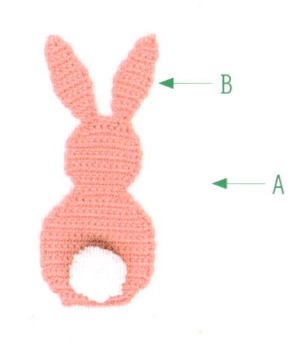

실: A 흰색 80~90g, B 피치핑크 30g, C 연갈색 30g, D 카키 30g, 수면사 화이트 약간, 폼폼제조기 35mm
코바늘 모사용 5호, 단추눈 7mm 3쌍, 마끈 35~40cm×3, 하드보드지 3개

토끼아플리케(2개 만들기) / 색상 B, C, D

단수	설명	코수
	사슬 11개 만들기	11
1	(두 번째 사슬부터) 짧은뜨기×10회 반복, 기둥코 사슬1개, (반시계 방향으로 돌리기)	10
2	2코 늘리기×1회, 짧은뜨기×8회 반복, 2코 늘리기×1회, 기둥코 사슬1개, (반시계 방향으로 돌리기)	12
3	2코 늘리기×1회, 짧은뜨기×10회 반복, 2코 늘리기×1회, 기둥코 사슬1개, (반시계 방향으로 돌리기)	14
4	2코 늘리기×1회, 짧은뜨기×12회 반복, 2코 늘리기×1회, 기둥코 사슬1개, (반시계 방향으로 돌리기)	16
5	2코 늘리기×1회, 짧은뜨기×14회 반복, 2코 늘리기×1회, 기둥코 사슬1개, (반시계 방향으로 돌리기)	18
6~14	짧은뜨기×18회 반복, 기둥코 사슬1개, (반시계 방향으로 돌리기)	18
15	2코 줄이기×1회, 짧은뜨기×14회 반복, 2코 줄이기×1회, 기둥코 사슬1개, (반시계 방향으로 돌리기)	16
16	2코 줄이기×1회, 짧은뜨기×12회 반복, 2코 줄이기×1회, 기둥코 사슬1개, (반시계 방향으로 돌리기)	14
17	2코 줄이기×1회, 짧은뜨기×10회 반복, 2코 줄이기×1회, 기둥코 사슬1개, (반시계 방향으로 돌리기)	12
18	2코 줄이기×1회, 짧은뜨기×8회 반복, 2코 줄이기×1회, 기둥코 사슬1개, (반시계 방향으로 돌리기)	10
19	2코 줄이기×1회, 짧은뜨기×6회 반복, 2코 줄이기×1회, 기둥코 사슬1개, (반시계 방향으로 돌리기)	8
20	2코 줄이기×1회, 짧은뜨기×4회 반복, 2코 줄이기×1회, 기둥코 사슬1개, (반시계 방향으로 돌리기)	6
21	2코 늘리기×1회, 짧은뜨기×4회 반복, 2코 늘리기×1회, 기둥코 사슬1개, (반시계 방향으로 돌리기)	8
22	2코 늘리기×1회, 짧은뜨기×6회 반복, 2코 늘리기×1회, 기둥코 사슬1개, (반시계 방향으로 돌리기)	10

단수	설명	코수
23	2코 늘리기x1회, 짧은뜨기x8회 반복, 2코 늘리기x1회, 기둥코 사슬1개, (반시계 방향으로 돌리기)	12
24~28	짧은뜨기x12회 반복, 기둥코 사슬1개, (반시계 방향으로 돌리기)	12
29	2코 줄이기x1회, 짧은뜨기x8회 반복, 2코 줄이기x1회, 기둥코 사슬1개, (반시계 방향으로 돌리기)	10
30	2코 줄이기x1회, 짧은뜨기x6회 반복, 2코 줄이기x1회, 기둥코 사슬1개, (반시계 방향으로 돌리기)	8
31	2코 줄이기x1회, 짧은뜨기x4회 반복, 2코 줄이기x1회, 기둥코 사슬1개, (반시계 방향으로 돌리기)	6
32	짧은뜨기x2회 반복, 기둥코 사슬1개, (반시계 방향으로 돌리기)	2
33	2코 늘리기x2회 반복, 기둥코 사슬1개, (반시계 방향으로 돌리기)	4
34~35	짧은뜨기x4회 반복, 기둥코 사슬1개, (반시계 방향으로 돌리기)	4
36	2코 늘리기x1회, 짧은뜨기x2회 반복, 2코 늘리기x1회, 기둥코 사슬1개, (반시계 방향으로 돌리기)	6
37~39	짧은뜨기x6회 반복, 기둥코 사슬1개, (반시계 방향으로 돌리기)	6
40	2코 줄이기x1회, 짧은뜨기x2회 반복, 2코 줄이기x1회, 기둥코 사슬1개, (반시계 방향으로 돌리기)	4
41~43	짧은뜨기x4회 반복, 기둥코 사슬1개, (반시계 방향으로 돌리기)	4
44	2코 줄이기x2회 반복, 기둥코 사슬1개, (반시계 방향으로 돌리기)	2
45	2코 줄이기x1회, 실을 약 7cm 남기고 자른다.	1

두 번째 귀 만들기 / 색상 B, C, D

단수	설명	코수
1	(가운데 2코 건너뜨고 실을 새로 연결한 뒤) 사슬1개, (실을 연결한 자리부터) 짧은뜨기x2회 반복, 기둥코 사슬1개, (반시계 방향으로 돌리기)	2
2	2코 늘리기x2회 반복, 기둥코 사슬1개, (반시계 방향으로 돌리기)	4
3~4	짧은뜨기x4회 반복, 기둥코 사슬1개, (반시계 방향으로 돌리기)	4
5	2코 늘리기x1회, 짧은뜨기x2회 반복, 2코 늘리기x1회, 기둥코 사슬1개, (반시계 방향으로 돌리기)	6
6~8	짧은뜨기x6회 반복, 기둥코 사슬1개, (반시계 방향으로 돌리기)	6
9	2코 줄이기x1회, 짧은뜨기x2회 반복, 2코 줄이기x1회, 기둥코 사슬1개, (반시계 방향으로 돌리기)	4
10~12	짧은뜨기x4회 반복, 기둥코 사슬1개, (반시계 방향으로 돌리기)	4
13	2코 줄이기x2회 반복, 기둥코 사슬1개, (반시계 방향으로 돌리기)	2
14	2코 줄이기x1회	1
꿰맬 실	약 140cm 남기고 자른다.	

바탕(2개 만들기) / 색상 A

단수	설명	코수
	사슬 37개 만들기	37
1	(두 번째 사슬산부터) 짧은뜨기x36회 반복, 기둥코 사슬1개, (반시계 방향으로 돌리기)	36
2~54	짧은뜨기x36회 반복, 기둥코 사슬1개, (반시계 방향으로 돌리기)	36
55	짧은뜨기x36회 반복, 실을 약 7cm 남기고 자른다.	

부활절 달걀 / 원하는 색상

단수	설명	코수
1	(원형고리 안에) 짧은뜨기x6회 반복, (첫 번째 코에) 빼뜨기x1회	6
2	2코 늘리기x6회 반복	12
3	(짧은뜨기x1회, 2코 늘리기x1회)x6회 반복	18
4	짧은뜨기x18회 반복	18
5	(짧은뜨기x2회 반복, 2코 늘리기x1회)x6회 반복	24
6~7	짧은뜨기x24회 반복	24
8	(짧은뜨기x3회 반복, 2코 늘리기x1회)x6회 반복	30
9~10	짧은뜨기x30회 반복	30
11	(짧은뜨기x8회 반복, 2코 줄이기x1회)x3회 반복	27
12	짧은뜨기x27회 반복	27
13	(짧은뜨기x7회 반복, 2코 줄이기x1회)x3회 반복	24
14	(짧은뜨기x2회 반복, 2코 줄이기x1회)x6회 반복	18
15	(짧은뜨기x1회, 2코 줄이기x1회)x6회 반복	12
16	2코 줄이기x4회 반복	8
	돗바늘 마무리	

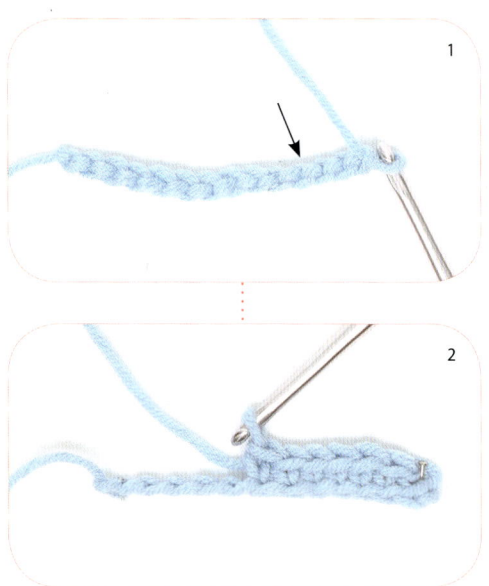

1~2 흰색으로 사슬 37개로 시작해서 바탕을 2장을 뜬다. 이 때, 첫 번째 단은 사슬산에 바늘을 넣고 떠준다. (보기 쉽게 하늘색으로 떴어요.)

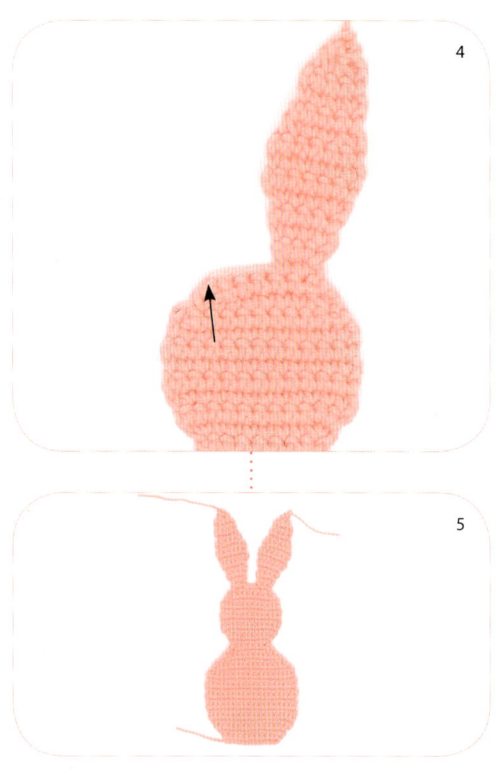

4~5 화살표가 표시된 위치에 새로운 실을 연결해서 다른 한 쪽 귀도 떠준다(귀와 귀 사이 2코 남기기.) 이 때, 실을 연결한 자리에 사슬 1개를 만든 뒤 같은 자리부터 짧은뜨기를 시작해서 14단까지 떠준다.

3 토끼 아플리케를 도안을 보며 2장 떠준다: 사슬 11개로 시작해 45단까지 떠준다.

6 바탕 2장, 토끼 아플리케 2장이 완성되면 바탕에 아플리케를 토끼모양을 따라서 하나씩 안쪽만 집어서 꿰매어 준다.

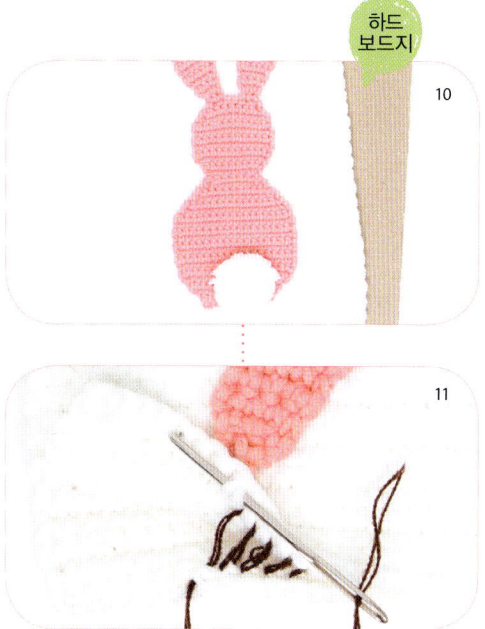

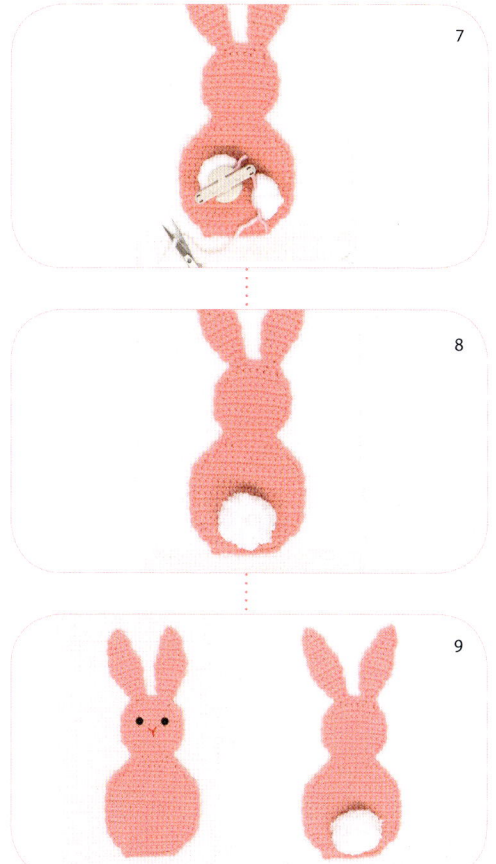

7~9 한쪽은 폼폼 제조기를 사용해서 폼폼을 만들어준 후 꼬리 위치에 달아서 토끼 뒤태를 만들어주고, 다른 한쪽은 눈을 달고 입은 플라이 스티치(p148)로 만들어 앞모습을 만들어 준다. 눈은 4단과 5단 사이, 4코 간격을 띄우고 달아준다.

10~11 완성이 되면 안쪽 면끼리 맞대고 돗바늘을 이용해 안쪽 땀끼리 테두리를 꿰매어 준다. 이 때, 조직을 평평하게 해주기 위해서 안쪽에 하드보드지 등을 크기에 맞춰서 자른 뒤 넣어준 다음 마무리한다.

원하는 색상으로 부활절 달걀을 뜬다

12 매달 수 있는 마끈을 약 35cm 길이로 연결 후 막대기에 묶어주면 완성!

봄 꽃 리스

May Blossom Wreath

아름다운 꽃의 계절 5월!
시들지 않는 예쁜 꽃 리스는 집안 곳곳에 봄꽃 향기를 전해줍니다.
화려한 꽃에 먼저 눈길이 끌리고,
조목조목 들여다보면 아기자기 소박한 맛도 있는
러블리한 인테리어 소품이에요.

실 : A - 핑크 45g, B - 연핑크 45g, C - 화이트 125g, D - 진보라 35g, E - 연노랑 30g,
F - 연보라 30g, G - 피치핑크 40g, H - 진노랑 20g, I - 히늘색 20g, J - 진초록 20g, K - 연초록 14g
코바늘 5호와 6호, 우드락 원리즈 240mm

리스 커버 (코바늘 5호) - 실 밤색 70g

단수	설명	코수
	(기둥코 포함) 사슬24개 만들기	24
1	(두 번째 사슬부터) 짧은뜨기 x 23회 반복, 기둥코 사슬1개, (반시계 방향으로 돌리기)	23
2~142	짧은뜨기 x 23회 반복, 기둥코 사슬1개, (반시계 방향으로 돌리기)	23
143	짧은뜨기 x 23회 반복	23
봉접실	길이의 약 3배 반 남겨두고 자른다.	

Camelia - size L (코바늘 6호) - A, B, C, D, E 각각 1개

단수	설명	코수
	(기둥코 포함) 사슬 57개 만들기	57
1	(다섯 번째 사슬에) 한길긴뜨기x1회, [(다음 두 번째 사슬에) 한길긴뜨기x1회 + 사슬1개 + 한길긴뜨기x1회] x 26회 반복, (반시계 방향으로 돌리기)	
2	(사슬 구멍에) 빼뜨기x1회, 사슬3개, [(같은 사슬 구멍 자리에) 한길긴뜨기x1회 + 사슬2개 + 한길긴뜨기x2회 반복], [(다음 사슬구멍 자리에)한길긴뜨기x2회 + 사슬2개 + 한길긴뜨기x2회]x26회 반복, (반시계 방향으로 돌리기)	
3	빼뜨기x2회 반복, (사슬 구멍에) 빼뜨기x1회, 사슬3개, 한길긴뜨기x7회 반복, [무늬와 무늬 사이에 짧은뜨기x1회, (다음 사슬 구멍에) 한길긴뜨기x8회 반복] x 26회 반복	
꿰맬 실	꿰맬 실을 앞뒤로 약 60cm 남긴다.	

Camelia - size M(코바늘 5호): A 1개, B 1개, C 1개, D 1개, F 2개, G 1개, H 1개,

단수	설명	코수
	(기둥코 포함) 사슬 37개 만들기	37
1	(다섯 번째 사슬에) 한길긴뜨기x1회, [(다음 두 번째 사슬에) 한길긴뜨기x1회 + 사슬1개 + 한길긴뜨기x1회] x 16회 반복, (반시계 방향으로 돌리기)	
2	(사슬 구멍에) 빼뜨기x1회, 사슬3개, [(같은 사슬 구멍 자리에) 한길긴뜨기x1회 + 사슬2개 + 한길긴뜨기x2회 반복], [(다음 사슬구멍에)한길긴뜨기x2회 + 사슬2개 + 한길긴뜨기x2회 반복]x16회 반복, (반시계 방향으로 돌리기)	
3	빼뜨기x2회 반복, (사슬 구멍에) 빼뜨기x1회, 사슬3개, 한길긴뜨기x7회 반복, [무늬와 무늬 사이에 짧은뜨기x1회, (다음 사슬 구멍에) 한길긴뜨기x8회 반복] x 16회 반복	
꿰맬 실	꿰맬 실을 시작과 끝날 때 약 60cm 남긴다.	

Daisy - size S (코바늘 5호: A 1개, B 1개, C 5개, E 1개, I 3개,

단수	설명	코수	색상
1	(원형고리 안에) 짧은뜨기x7회 반복 후 (앞 반코에) 빼뜨기	7	E
2	사슬7개, (같은 앞 반코에) 빼뜨기x1회, [사슬7개, (다음 앞 반코에) 빼뜨기x1회, 사슬7개, (같은 앞 반코에) 빼뜨기x1회]x끝까지 반복		I
3	(첫 뒤 반코에) 빼뜨기x1회, 사슬9개, (같은 자리에) 빼뜨기x1회, [사슬9개, (다음 뒤 반코에) 빼뜨기x1회, 사슬9개, (같은 앞 반코에) 빼뜨기x1회]x끝까지 반복		
꿰맬 실	완성 후 꿰맬 실을 약 20cm 남긴다.		

코스모스 - size S (코바늘 6호: C 6개, G 5개, E 조금)

단수	설명	코수
1	(원형고리 안에) 시작코1개, 사슬2개, 한길긴뜨기x2회 반복, 사슬3개, 빼뜨기x1회, [사슬3개, 한길긴뜨기x2회 반복, 사슬3개, 빼뜨기x1회]x4회 반복	
꿰맬 실	꿰맬 실을 시작과 끝날 때 약 20cm 남기고 자른다.	

꽃심 / 색상 H

단수	설명	코수
	실을 약 15cm 길이로 자른 후 가운데에 매듭을 3~4번 만들어 준다.	

파룻파룻 잎사귀: (5호) J 8개, K 6개)

단수	설명	코수
	사슬8개 만들기	8
1	(두 번째 사슬부터) 빼뜨기x1회, 짧은뜨기x2회 반복, 긴뜨기x1회, 한길긴뜨기x2회 반복, (마지막 사슬에) 힌길긴뜨기x6회 반복, (반대편 반코에) 한길긴뜨기x2회 반복, 긴뜨기x1회, 짧은뜨기x2회 반복, 빼뜨기x1회	
꿰맬 실	시작할 때 꿰맬 실을 약 7cm 남기고 사슬을 만든다.	

1~2 우드락 크기에 맞게 도안을 보며 커버를 떠준다. 이 때, 개인에 따라 오차범위가 클 수 있으니 각자의 땀 크기에 맞춰 단수를 늘리거나 줄여도 된다. 다 뜬 후에는 우드락에 맞추어 봉접한다.

3~7 Camelia : 1단은 꿰맬 실을 약 60cm 남긴 후 사슬을 57개 만든다. 사슬 4개를 건너뛴 후 화살표가 표시된 5번째 사슬에 한길긴뜨기 1개를 떠준다. 다음 사슬을 건너뛰고 화살표가 표시된 사슬에 한길긴뜨기를 한개 뜨고 바로 이어서 사슬을 1개 뜬 후 같은 자리에 한길 긴뜨기를 한개 더 떠준다. 이 방법을 끝까지 반복해준다.

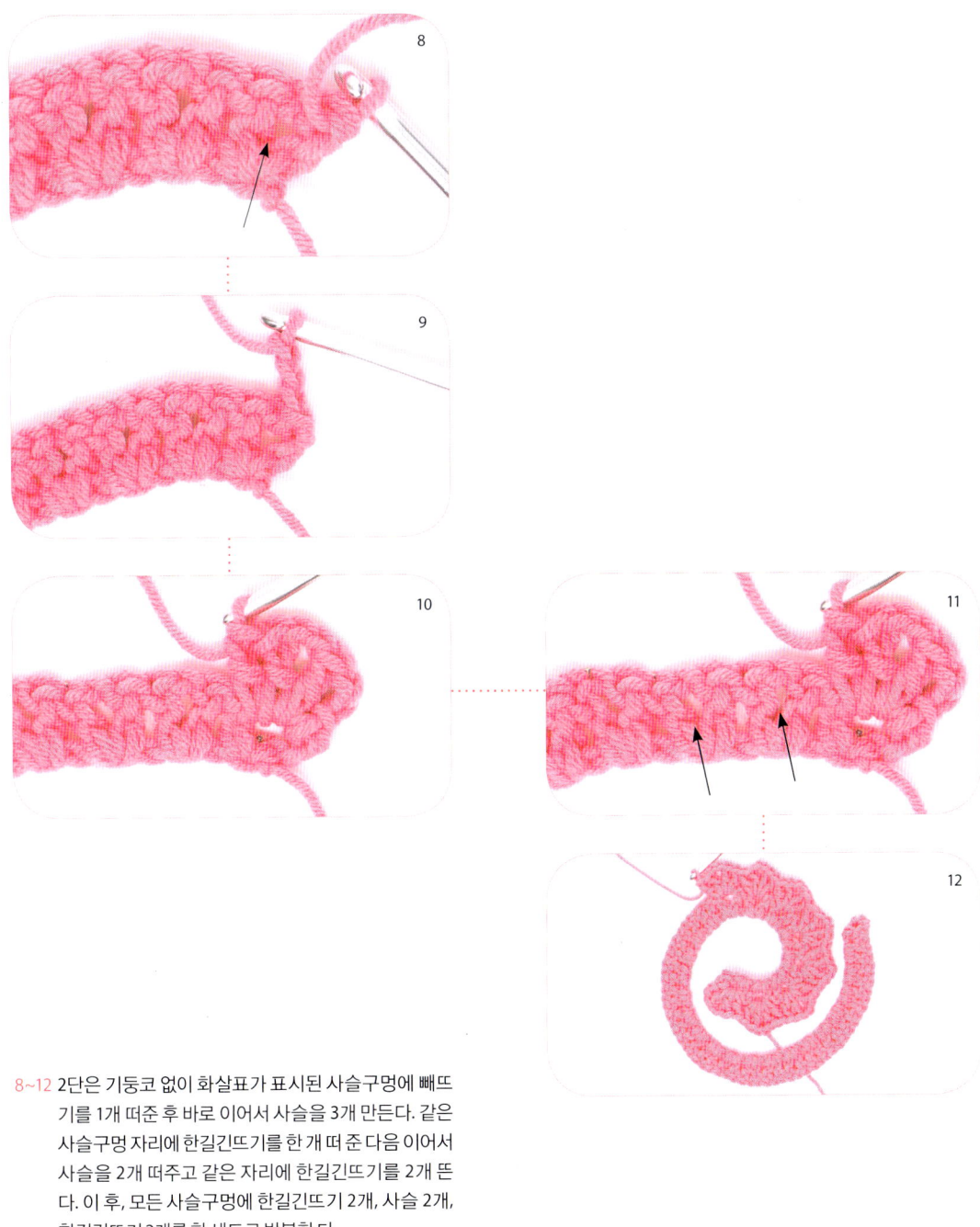

8~12 2단은 기둥코 없이 화살표가 표시된 사슬구멍에 빼뜨기를 1개 떠준 후 바로 이어서 사슬을 3개 만든다. 같은 사슬구멍 자리에 한길긴뜨기를 한 개 떠 준 다음 이어서 사슬을 2개 떠주고 같은 자리에 한길긴뜨기를 2개 뜬다. 이 후, 모든 사슬구멍에 한길긴뜨기 2개, 사슬 2개, 한길긴뜨기2개를 한 세트로 반복한다.

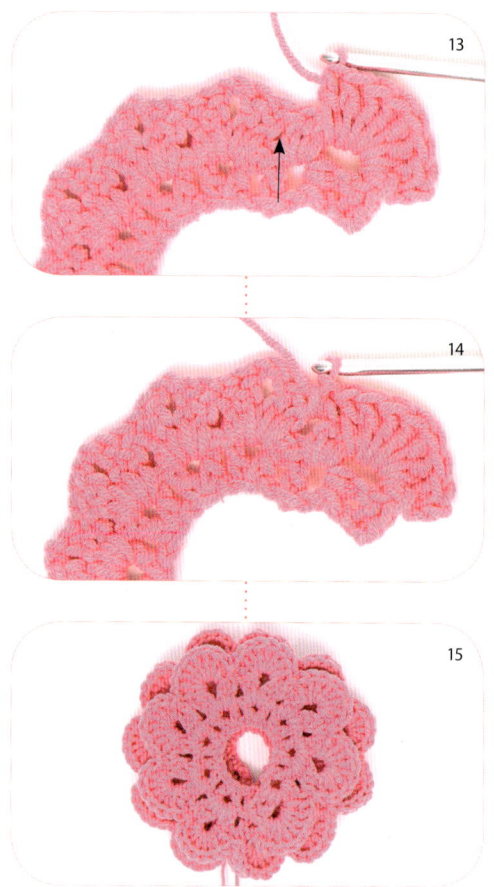

16 꽃을 완성한 후 돗바늘에 실을 꿰어준다. 꽃 밑동을 돌돌 말아준 뒤 실로 단단하게 꿰매면서 모양을 잡아준다.

13~15 3단은 사슬구멍까지 빼뜨기를 3번 해준 뒤, 이어서 사슬을 3개 뜬 후 같은 자리에 한길긴뜨기를 7개 떠서 총 8개를 만들어 준다. 무늬와 무늬 사이 화살표 표시가 있는 위치에 짧은뜨기를 떠주고 다음 사슬 구멍에 한 길긴뜨기로 떠준다. 이를 끝까지 반복한 뒤 약 60cm 남기고 자른다.

17 같은 방법으로 Camelia M 사이즈도 색상별로 떠준다.

18 Daisy : 가운데 꽃심을 연노랑 짧은뜨기 7개로 만든 후 마지막 코에서 색상을 바꾼다. 이 때, 꿰맬 실을 미리 약 20cm 남긴다.

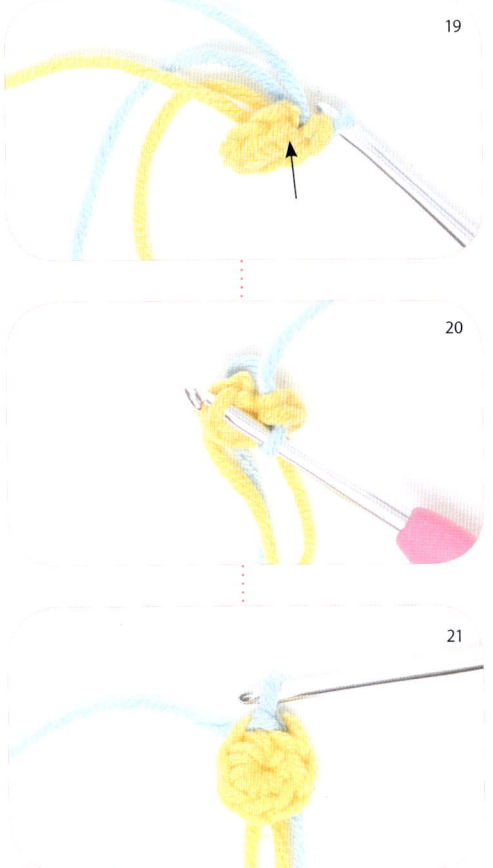

19-21 바뀐 색(하늘색I)으로 첫 번째 앞 반코에만 빼뜨기를 해서 원을 완성해준다.

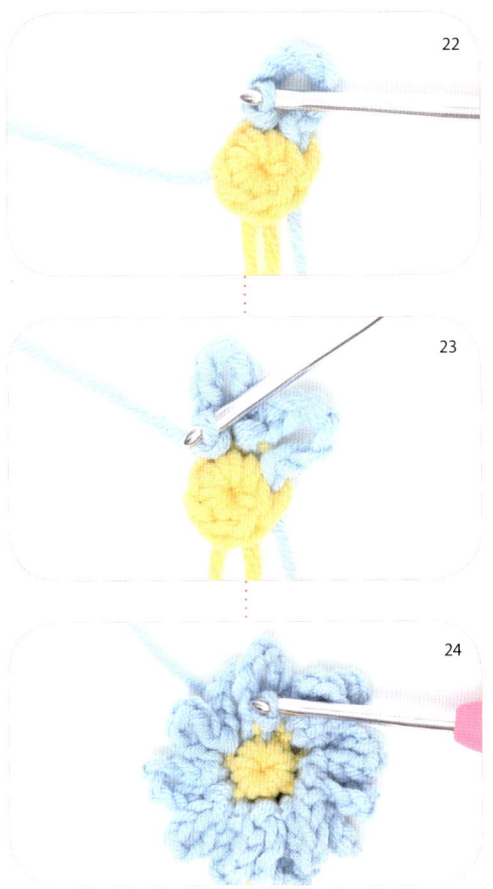

22~24 2단은 1단에서 빼뜨기한 후 바로 사슬을 7개 뜬 다음 같은 자리 앞반코에 한 번 더 빼뜨기를 한다. 이어서 사슬을 7개 뜨고 그 다음 앞 반코에 빼뜨기를 한다. 도안을 보면서 끝까지 반복한다. *2단에서는 모두 앞 반코에만 뜬다.

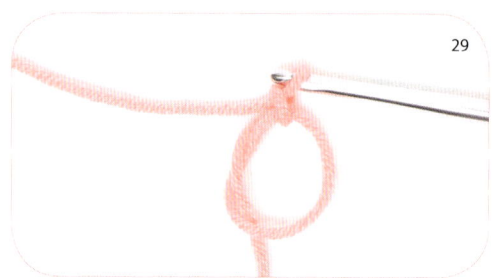

29 코스모스: 꿰맬 실을 약 25cm 남기고 원형 고리를 만든 후 시작코를 만든다.

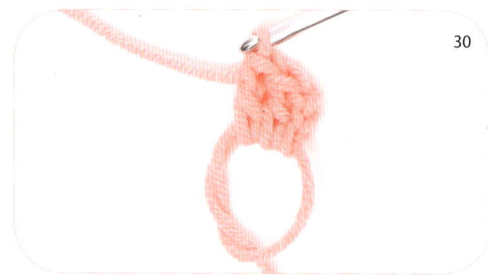

30 이어서 사슬을 2개 떠준 뒤 원형고리 안에 한길긴뜨기를 2개 떠준다.

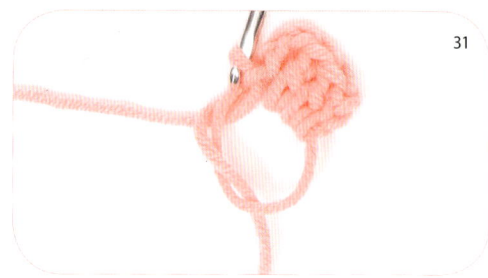

25~27 3단은 첫 번째 뒤 반코에 바늘을 넣고 도안을 보면서 2단과 같이 떠주되 이번에는 사슬 9개로 완성한다. *3단은 모두 뒤 반코에만 뜬다.

31 이어서 사슬을 3개 떠준 뒤 원형고리 안에 빼뜨기를 하면 첫 번째 꽃잎이 완성된다.

28 색상별로 완성된 모습

32 도안을 보고 나머지 꽃잎도 떠준 뒤 짧은 줄을 꽉 조여서 살짝 주름지게 만들어준다.

36~37 잎사귀를 개수만큼 떠준 뒤 꽃과 함께 리스에 꿰매준다. Camelia L 사이즈를 먼저 자리를 잡아서 꿰매준 뒤, M 사이즈도 자리를 잡아준다.

33~35 꽃심을 만들어서 꽃 중앙에 고정시켜 준다. 이 때, 매듭을 지은 양쪽 끝 두 줄을 꽃 중앙에 통과시킨 후 뒤에서 풀리지 않게 두번 정도 묶어준다.

38~39 Daisy로 군데군데 꿰매준 다음 Cosmos로 빈 공간을 채워주고, 꽃잎을 두 개씩 연결한 다음 리스 바깥쪽에 꿰맨다.

선인장 가랜드
Cactus & Brooch

작고 귀여운 선인장 가랜드는
식물 인테리어 소품으로도
브로치로 만들어 패션 아이템으로도
다양한 활용이 가능하답니다.
꼭대기의 앙증맞은 꽃이 귀여움을 한층 더해줘요.

실 : 선인장 1개당 A-초록색 5g, B-올리브색 조금, C-피치핑크 조금
코바늘 5호

선인장 아플리케(2장 만들기) / 색상 A

Part	단수	설명	코수
A		사슬 5개 만들기	5
	1	(두 번째 사슬산부터) 짧은뜨기x4회 반복, 기둥코 사슬1개, (반시계 방향으로 돌리기)	4
	2~4	짧은뜨기x4회 반복, 기둥코 사슬1개, (반시계 방향으로 돌리기)	4
	5	짧은뜨기x4회 반복, 사슬4개, (반시계 방향으로 돌리기)	8
	6	(두 번째 사슬부터) 짧은뜨기x 7회 반복, 사슬4개, (반시계 방향으로 돌리기)	11
	7	(두 번째 사슬부터) 짧은뜨기x10회 반복, 기둥코 사슬1개, (반시계 방향으로 돌리기)	10
	8~9	짧은뜨기x2회 반복, 기둥코 사슬1개, (반시계 방향으로 돌리기)	2
	10	2코 줄이기 x 1회	1
		약 5cm 남기고 자르기	
B	8	(실을 7단의 4번 째 코에 새로 연결해서) 짧은뜨기x7회 반복, 기둥코 사슬1개, (반시계 방향으로 돌리기)	7
	9~10	짧은뜨기x2회 반복, 기둥코 사슬1개, (반시계 방향으로 돌리기)	2
	11	2코 줄이기x1회	1
		약 5cm 남기고 자르기	
C	9	(실을 8단의 4번 째 코에 새로 연결해서) 짧은뜨기x4회 반복, 기둥코 사슬1개, (반시계 방향으로 돌리기)	4
	10~12	짧은뜨기x4회 반복, 기둥코 사슬1개, (반시계 방향으로 돌리기)	4
	13	2코 줄이기x2회 반복	2
		약 10cm 남기고 자르기	

꽃 / 색상 C

단수	설명	코수
1	(원형고리 안에) (사슬3, 빼뜨기x1회)x5회 반복	
꿰맬 실	약 8cm 남기기	

1 선인장 아플리케는 A, B, C 세 가지 파트로 나뉘어져 있으며 순서대로 도안을 보며 떠준다.
Part A: 사슬 5개로 시작해서 4단까지 떠준다. 5단은 짧은뜨기를 4개 떠준 후 바로 이어서 사슬을 4개 만든다.

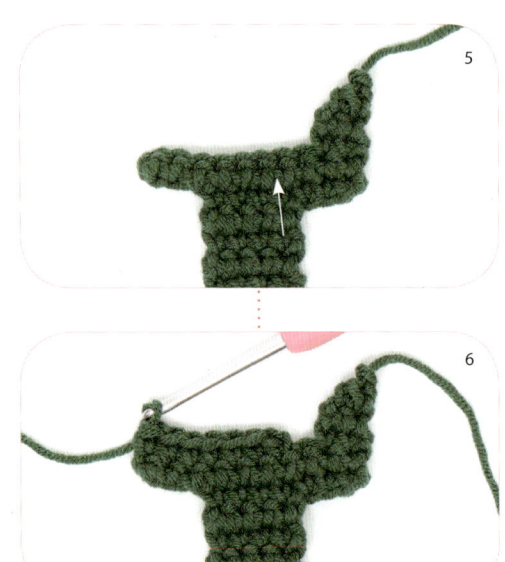

5~6 Part B : 8단은 1코 건너뛰고 화살표가 표시된 위치부터 실을 새로 연결해서 11단까지 떠준다.

2~4 6단은 두 번째 사슬부터 시작해서 짧은뜨기를 총 7개 떠준 뒤 바로 이어서 사슬을 4개 만들고 반시계 방향으로 돌려서 두 번째 사슬부터 도안을 보며 7단부터 10단까지 뜬다.

7~9 Part C : 9단은 1코 건너뛰고 화살표가 표시된 위치부터 실을 새로 연결해서 시작해 13단 까지 떠준 뒤 돗바늘을 사용해 보이는 실을 전부 정리한다.

10~12 2장의 선인장 아플리케를 맞대고 테두리를 빼뜨기로 연결한다. 이때 테두리 실은 두 겹만 사용한다. 바늘을 앞뒤로 동시에 통과시킨 후 테두리 실을 끌고 나온다. 바로 다음 코에 바늘을 넣고 실을 끌고나와 바늘에 걸린 고리까지 통과시키면 사슬이 생긴다. 같은 방법으로 선인장 테두리를 완성한다.

13 꽃을 떠서 선인장 가운데에 꿰매준다.

수박 가랜드

Watermelon

여름 하면 가장 먼저 떠오르는 과일 수박!
손뜨개로도 싱싱함 가득한 소품을 만들 수 있어요.
하나씩 놓아둬도, 여러 조각 매달아두어도 여름 느낌 물씬 풍길 수 있겠죠?
빨간색 실로 먹음직스러운 속을 만들고 검은색 씨까지 콕콕 박아주면
금방이라도 베어물고 싶어지는 수박 가랜드 탄생!

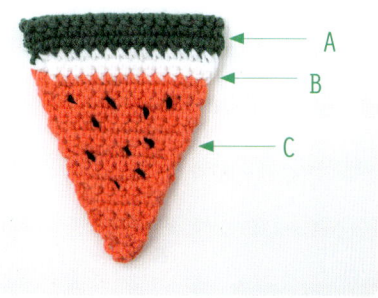

실 : A 초록색 2g, B 흰색 2g, C 수박색 10g, 검정색 조금
코바늘 6호

단수	설명	코수	색상
1	(원형고리 안에) 짧은뜨기 x 1회, (기둥코) 사슬1개, (반시계 방향으로 돌리기)	1	C
2	2코 늘리기 x 1회, (기둥코) 사슬1개, (반시계 방향으로 돌리기)	2	
3	2코 늘리기 x 2회 반복, (기둥코) 사슬1개, (반시계 방향으로 돌리기)	4	
4	짧은뜨기 x 4회 반복, (기둥코) 사슬1개, (반시계 방향으로 돌리기)	4	
5	2코 늘리기 x 1회, 짧은뜨기x2회 반복, 2코 늘리기 x 1회, (기둥코) 사슬1개, (반시계 방향으로 돌리기)	6	
6	짧은뜨기 x 6회 반복, (기둥코) 사슬1개, (반시계 방향으로 돌리기)	6	
7	2코 늘리기 x 1회, 짧은뜨기x4회 반복, 2코 늘리기 x 1회, (기둥코) 사슬1개, (반시계 방향으로 돌리기)	8	
8~9	짧은뜨기 x 8회 반복, (기둥코) 사슬1개, (반시계 방향으로 돌리기)	8	
10	2코 늘리기 x 1회, 짧은뜨기x6회 반복, 2코 늘리기 x 1회, (기둥코) 사슬1개, (반시계 방향으로 돌리기)	10	
11	짧은뜨기 x 10회 반복, (기둥코) 사슬1개, (반시계 방향으로 돌리기)	10	
12	2코 늘리기 x 1회, 짧은뜨기x8회 반복, 2코 늘리기 x 1회, (기둥코) 사슬1개, (반시계 방향으로 돌리기)	12	
13~14	짧은뜨기 x 12회 반복, (기둥코) 사슬1개, (반시계 방향으로 돌리기)	12	
15	2코 늘리기 x 1회, 짧은뜨기x10회 반복, 2코 늘리기 x 1회, (기둥코) 사슬1개, (반시계 방향으로 돌리기)	14	
16	짧은뜨기 x 14회 반복, (기둥코) 사슬1개, (반시계 방향으로 돌리기)	14	
17	짧은뜨기 x 14회 반복, (기둥코) 사슬1개, (반시계 방향으로 돌리기)	14	B
18	2코 늘리기 x 1회, 짧은뜨기x12회 반복, 2코 늘리기 x 1회, (기둥코) 사슬1개, (반시계 방향으로 돌리기)	16	
19~24	짧은뜨기 x 16회 반복, (기둥코) 사슬1개, (반시계 방향으로 돌리기)	16	A
25	2코 줄이기 x 1회, 짧은뜨기x12회 반복, 2코 줄이기 x 1회, (기둥코) 사슬1개, (반시계 방향으로 돌리기)	14	B
26	짧은뜨기 x 14회 반복, (기둥코) 사슬1개, (반시계 방향으로 돌리기)	14	

27	짧은뜨기 x 14회 반복, (기둥코) 사슬1개, (반시계 방향으로 돌리기)	14
28	2코 줄이기 x 1회, 짧은뜨기x10회 반복, 2코 줄이기x1회, (기둥코) 사슬1개, (반시계 방향으로 돌리기)	12
29~30	짧은뜨기 x 12회 반복, (기둥코) 사슬1개, (반시계 방향으로 돌리기)	12
31	2코 줄이기 x 1회, 짧은뜨기x8회 반복, 2코 줄이기x1회, (기둥코) 사슬1개, (반시계 방향으로 돌리기)	10
32	짧은뜨기 x 10회 반복, (기둥코) 사슬1개, (반시계 방향으로 돌리기)	10
33	2코 줄이기 x 1회, 짧은뜨기x6회 반복, 2코 줄이기x1회, (기둥코) 사슬1개, (반시계 방향으로 돌리기)	8
34~35	짧은뜨기 x 8회 반복, (기둥코) 사슬1개, (반시계 방향으로 돌리기)	8
36	2코 줄이기 x 1회, 짧은뜨기x4회 반복, 2코 줄이기x1회, (기둥코) 사슬1개, (반시계 방향으로 돌리기)	6
37	짧은뜨기 x 6회 반복, (기둥코) 사슬1개, (반시계 방향으로 돌리기)	6
38	2코 줄이기 x 1회, 짧은뜨기x2회 반복, 2코 줄이기x1회, (기둥코) 사슬1개, (반시계 방향으로 돌리기)	4
39	짧은뜨기 x 4회 반복, (기둥코) 사슬1개, (반시계 방향으로 돌리기)	4
40	2코 줄이기 x 2회 반복, (기둥코) 사슬1개, (반시계 방향으로 돌리기)	2
41	2코 줄이기 x 1회	1
꿰맬 실	실을 약 20cm 남기고 자른다.	

C

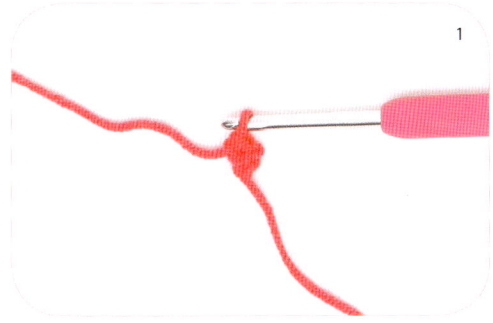

1 수박색으로 시작해서 1단부터 41단까지 색상을 바꿔가며 뜬다.

4 2줄로 수박의 한쪽 면을 흰색이 있는 부분까지 앞뒤로 꿰매 봉접해주고 다른 2줄로 반대편 면도 흰색 부분까지만 앞뒤로 통과해서 연결한다.

2 이 때, 1단은 원형고리 안에 시작코를 만든 후 짧은뜨기를 1개만 뜬 다음 짧은 줄을 당겨서 원을 조여준다.

3 다 뜬 후 자른 실은 돗바늘을 사용해 안쪽면에 정리해준다. 수박을 반으로 접은 뒤 길게 남긴 실을 2줄씩 가르고 남는 실은 정리한다.

5 수박 모양을 만들어준 뒤, 검정색 실로 씨를 만들어주면 완성!

바캉스를 즐기는 곰과 토끼 리스
Bear & Bunny summer vacation

무더운 여름을 맞아 곰과 토끼가 시원한 바다로 바캉스를 왔어요.
마린 모자와 귀여운 수영복, 바다 느낌 가득한 위트 있고 귀여운 리스랍니다.
곰 친구는 물고기를 많이 낚을 수 있을까요?
노란 태양 아래 토끼 친구의 아이스크림이 녹기 전에
월척이 낚일 수 있도록!

실 : A-아쿠아민트 45g, B-화이트 25g, C-갈색 14g, D-아이보리 14g, E-핑크 6g, F-빨강 5g, G-연베이지 7g,
H-파랑 2g, I-노랑 25g, J-연회색 2g, K-베이비핑크 3g, L-민트 3g, M-하늘색 3g, N-초록색 3g, O-주황색 3g
코바늘 3호, 코바늘 5호, 우드락 원리즈 240mm, 단추눈 5mm 2쌍

리스 커버(코바늘 5호)

단수	설명	코수	색상
	(기둥코 포함) 사슬24개 만들기	24	
1	(두 번째 사슬부터) 짧은뜨기x 23회 반복, 기둥코 사슬1개, (반시계 방향으로 돌리기)		A
2~88	짧은뜨기x 23회 반복, 기둥코 사슬1개, (반시계 방향으로 돌리기)	23	
89~142	짧은뜨기x 23회 반복, 기둥코 사슬1개, (반시계 방향으로 돌리기)		C
143	짧은뜨기x 23회 반복		
꿰맬 실	길이의 약 3배 남기고 자른다.		

마린 테디베어 & 비키니 바니
얼굴 : 코바늘 3호 / 색상 C, D

		테디베어	비키니 바니
단수	설명	코수	
1	(원형고리 안에) 짧은뜨기×6회 반복, (첫 코에) 빼뜨기×1회	6	
2	2코 늘리기×6회 반복	12	
3	(짧은뜨기×1회, 2코 늘리기×1회)×6회 반복	18	
4	(짧은뜨기×2회 반복, 2코 늘리기×1회)×6회 반복	24	
5~6	짧은뜨기×24회 반복	24	
7	(짧은뜨기×2회 반복, 2코 줄이기×1회)×6회 반복	18	
8	(짧은뜨기×1회, 2코 줄이기×1회)×6회 반복 (솜 채우기)	12	
9	2코 줄이기×4회 반복	8	
	돗바늘 마무리		
꿰맬 실	약 15cm 남기고 자른다.		

몸통 : 코바늘 3호 / 색상 C, D

단수	설명	코수
1	(원형고리 안에) 짧은뜨기×6회 반복, (첫 코에) 빼뜨기×1회	6
2	2코 늘리기×6회 반복	12
3	(짧은뜨기×3회 반복, 2코 늘리기×1회)×3회 반복	15
4~6	짧은뜨기×15회 반복	15
7	(짧은뜨기×3회 반복, 2코 줄이기×1회)×3회 반복 (솜 채우기)	12
8	2코 줄이기×4회 반복	8
	돗바늘 마무리 후 실 정리하기	

손과 발(4개 만들기) : 코바늘 3호 / 색상 C, D

단수	설명	코수
1	(원형고리 안에) 짧은뜨기×6회 반복, (첫 코에) 빼뜨기×1회	6
2	2코 늘리기×6회 반복	12
3	2코 줄이기×6회 반복	6
꿰맬 실	색상별로 4개씩 뜬 후 2개씩 꿰맬 실을 약 25cm 남기고 나머지 손과 발은 돗바늘 마무리 후 정리한다.	

테디베어 귀(2개 만들기) : 코바늘 3호 / 색상 C

단수	설명	코수
1	(원형고리 안에) 짧은뜨기x4회 반복 후 첫 코에 빼뜨기 없이 원을 조여준다.	4
꿰맬 실	약 15cm 남기고 자른다.	

테디베어 입 : 코바늘 3호 / 색상 D

단수	설명	코수
1	(원형고리 안에) 짧은뜨기x9회 반복, (첫 코에) 빼뜨기x1회	9
꿰맬 실	약 15cm 남기고 자른다.	

바니귀(2개 만들기) - 코바늘 3호 / 색상 D

단수	설명	코수
	(기둥코 포함) 사슬7개	7
1	(두 번째 사슬부터) 빼뜨기x1회, 짧은뜨기x1회, 긴뜨기x2회 반복, 한길긴뜨기x1회, (마지막 사슬에) 한길긴뜨기x6회 반복, (반대편 사슬 반코에) 한길긴뜨기x1회, 긴뜨기x2회 반복, 짧은뜨기x1회, 빼뜨기x1회	16
꿰맬 실	첫 코에 빼뜨기 후 약 15cm 남기고 자른다.	

마린모자 - 코바늘 3호 / 색상 B, F

단수	설명	코수	색상
1	(원형고리 안에) 짧은뜨기x6회 반복, (첫 코에) 빼뜨기x1회	6	
2	2코 늘리기x6회 반복	12	
3	(짧은뜨기x1회, 2코 늘리기x1회)x6회 반복	18	
4~6	짧은뜨기x18회 반복	18	B
7	(앞코 이랑뜨기) (짧은뜨기x5회 반복, 2코 늘리기x1회)x3회 반복	21	
8	짧은뜨기x21회 반복	21	
9	(짧은뜨기x6회 반복, 2코 늘리기x1회)x3회 반복	24	F
	약 7cm 남기고 자른다.		

비키니 top - 3호 / 색상 E

단수	설명	코수
	사슬7개 만들기	7
1	(세 번째 사슬부터 긴뜨기로) 2코 줄이기x1회, (실을 새로 이어서) 사슬2개, (긴뜨기로) 2코 줄이기x1회	2
꿰맬 실	사방에 묶을실을 약 15cm 씩 남기고 자른다.	

비키니 bottom 3호 / 색상 E

단수	설명	코수
1	(원형고리 안에) 짧은뜨기x6회 반복, (첫 코에) 빼뜨기x1회	6
2	2코 늘리기x6회 반복	12
3	(짧은뜨기x1회, 2코 늘리기x1회)x6회 반복	18
4~5	짧은뜨기x18회 반복	18
꿰맬 실	약 15cm 남기고 자른다.	

햇님 (코바늘 5호) / 색상 I

단수	설명	코수
1	(원형고리 안에) 짧은뜨기x8회 반복, (첫 코에) 빼뜨기x1회	8
2	(짧은뜨기x1회, 2코 늘리기x1회)x4회 반복	12
3	(짧은뜨기x2회 반복, 2코 늘리기x1회)x4회 반복	16
4	(짧은뜨기x1회, 2코 늘리기x1회)x8회 반복	24
5	짧은뜨기x4회 반복, 기둥코 사슬1개, (반시계 방향으로 돌리기)	4
6	2코 줄이기x2회 반복, 기둥코 사슬1개, (반시계 방향으로 돌리기)	2
7	2코 줄이기x1회	1
	약 7cm 남기고 자른 뒤 실 정리하기	

햇살 뾰족한 부분: 5번 반복

단수	설명	코수
4	(다섯번째 코에 실을 새로 연결) 사슬1개, (같은 자리부터) 짧은뜨기x4회 반복, 기둥코 사슬1개, (반시계 방향으로 돌리기)	4
5	2코 줄이기x2회 반복, 기둥코 사슬1개, (반시계 방향으로 돌리기)	2
6	2코 줄이기x1회	1
꿰맬 실	4개는 약 7cm 남기고 자른 뒤 실 정리하고 마지막 하나는 꿰맬 실을 약 25cm 남기고 자른다.	

튜브 3호 / 색상 B, F

단수	설명	코수	색상
1	(원형고리 안에) 짧은뜨기x5회 반복, (첫 코에) 빼뜨기x1회	5	B
2~3	짧은뜨기x5회 반복	5	
4~5	짧은뜨기x5회 반복	5	F
6~7	짧은뜨기x5회 반복	5	B
8~9	짧은뜨기x5회 반복	5	F
10~11	짧은뜨기x5회 반복	5	B
12~13	짧은뜨기x5회 반복	5	F
꿰맬 실	약 15cm 남기고 자른다.		

돛단배 3호 / 색상 G

단수	설명	코수
	사슬 7개 만들기	7
1	(두 번째 사슬부터) 짧은뜨기x6회 반복, 기둥코 사슬1개, (반시계 방향으로 돌리기)	6
2	2코 늘리기x1회, 짧은뜨기x4회 반복, 2코 늘리기x1회, 기둥코 사슬1개, (반시계 방향으로 돌리기)	8
3	2코 늘리기x1회, 짧은뜨기x6회 반복, 2코 늘리기x1회	10
꿰맬 실	약 20cm 남기고 자른다.	

닻 3호 / 색상 J

단수	설명	코수
	(원형고리 안에) 짧은뜨기x6회 반복, (첫 코에) 빼뜨기x1회, (기둥코) 사슬1개, (빼뜨기 한 자리에) 짧은뜨기x1회, (이어서) 사슬4개, (두 번째 사슬부터) 짧은뜨기x3회 반복, (이어서) 사슬 13개, (두 번째 사슬부터) 짧은뜨기 x 6회 반복, ⓐ피콧1개, (이어서) 사슬7개, (두 번째 사슬부터) 짧은뜨기x6회 반복, (나머지 여섯개 사슬에) 짧은뜨기x6회 반복, (이어서)사슬4개, (두 번째 사슬부터) 짧은뜨기x3회 반복, 빼뜨기x1회	6
꿰맬 실	약 25cm 남기고 자른다.	

메인 세일 3호 / 색상 B

단수	설명	코수
	사슬2개 만들기	2
1	(두 번째 사슬부터) 2코 늘리기x1회, 기둥코 사슬1개, (반시계 방향으로 돌리기)	2
2	2코 늘리기x2회 반복, 기둥코 사슬1개, (반시계 방향으로 돌리기)	4
3	짧은뜨기x4회 반복, 기둥코 사슬1개, (반시계 방향으로 돌리기)	4
4	2코 늘리기x1회, 짧은뜨기x2회 반복, 2코 늘리기x1회, 기둥코 사슬1개, (반시계 방향으로 돌리기)	6
5	2코 늘리기x1회, 짧은뜨기x4회 반복, 2코 늘리기x1회, 기둥코 사슬1개, (반시계 방향으로 돌리기)	8
6~7	짧은뜨기x8회 반복, 기둥코 사슬1개, (반시계 방향으로 돌리기)	8
꿰맬 실	약 20cm 남기고 자른다.	

물고기 3호 (5개 만들기) / 색상 K, L, M, N, O

단수	설명	코수
1	(원형고리 안에) 짧은뜨기x6회 반복, (첫 코에)빼뜨기x1회	6
2	(짧은뜨기x1회, 2코 늘리기x1회)x3회 반복	9
3~5	짧은뜨기x9회 반복	9
6	2코 줄이기x4회 반복, 짧은뜨기x1회	5
7	2코 늘리기x5회 반복	10
꿰맬 실	두 마리는 약 25cm 남기고 자르고 나머지 세 마리는 약 10cm 남기고 자른다.	

아이스크림 3호 (1개 만들기)

단수	설명	코수	색상
	사슬 2개 만들기	2	
1	(두 번째 사슬에) 짧은뜨기x1회, 기둥코 사슬1개, (반시계 방향으로 돌리기)	1	G
2	2코 늘리기x1회, 기둥코 사슬1개, (반시계 방향으로 돌리기)	2	
3~4	짧은뜨기x2회 반복, 기둥코 사슬1개, (반시계 방향으로 돌리기)	2	
5	2코 늘리기x2회, 기둥코 사슬1개, (반시계 방향으로 돌리기)	4	
6	짧은뜨기x4회 반복, 기둥코 사슬1개, (반시계 방향으로 돌리기)	4	K
7	4코 줄이기	1	
꿰맬 실	약 15cm 남기고 자른다.		

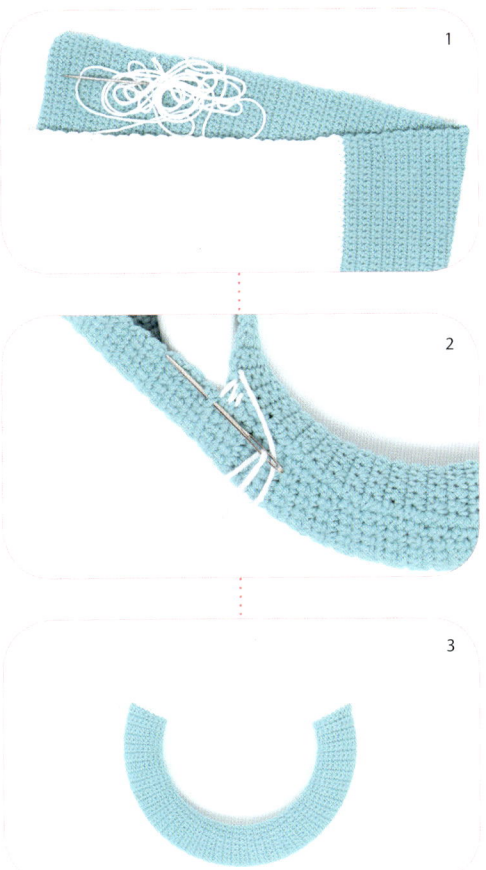

1~3 리스 커버: 완성 후 봉접실은 긴 쪽 면 길이의 약 3배를 남기고 자른다. 긴 면을 봉접하되 배색선이 틀어지지 않게 꿰매 준다.

4~5 마린 테디보이 & 비키니 바니 : 각 부위별로 도안을 보고 떠준다. 얼굴은 돗바늘 마무리 후 남은 실로 몸통에 봉접한다. 손과 발의 경우 실이 긴 쪽을 몸통에 통과시킨 후 실이 없는 손과 발을 반대편에 꿰매서 연결한다. 바니의 경우 비키니 bottom을 먼저 입히고 다리를 연결한다. 이 때, 벗겨지지 않도록 몸통에 살짝 꿰매준다. 테디베어 귀는 한 쪽에만 꿰매주고 바니는 두 개 다 머리 윗부분에 꿰매준다. 테디베어 입은 얼굴 중앙에 만들어준다. 눈은 입 양 옆에 달아 주고 입 가운데에 밤색 실을 사용해서 T자 모양으로 수를 놓는다. 바니의 경우 가운데 단(5단과 6단 사이), 4코 간격을 두고 달아준다. 핑크색 실을 사용해서 눈과 눈 사이에 플라이 스티치로 완성한다.

6 마린 모자는 완성 후 뒤집어서 테디베어 머리에 사진과 같이 꿰매준다.

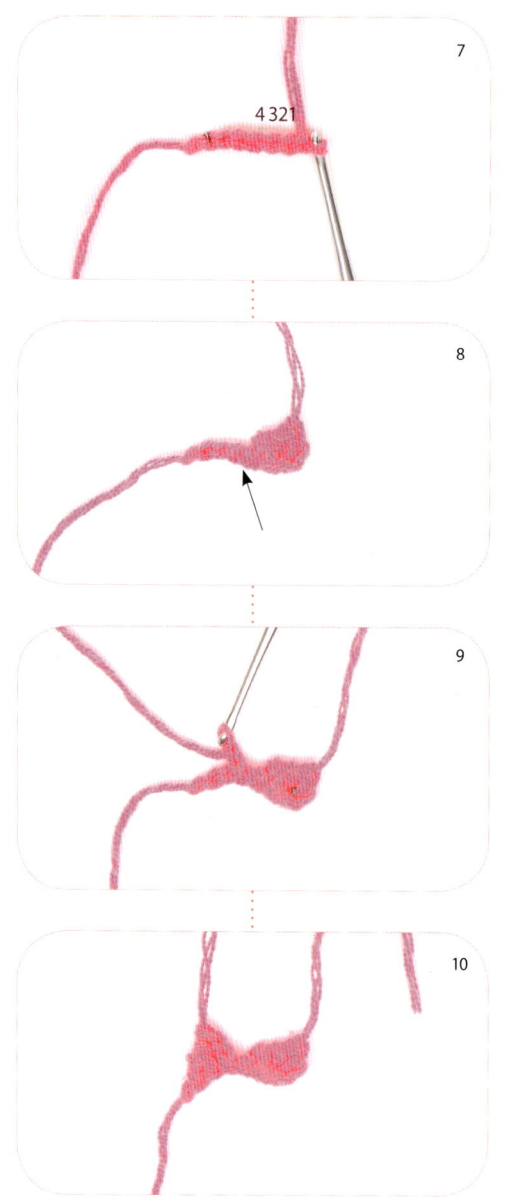

7~13 비키니 Top : 사슬7개를 만든 후 세 번째 사슬과 네 번째 사슬을 긴뜨기로 코 줄이기를 해준다. 화살표가 표시된 다음 코에 새 실을 연결 후 사슬을 2개 만들고 다음 두 코를 긴뜨기로 코 줄이기를 한다. 이 때 비키니 줄을 4개 다 약 15cm 남겨준다. 완성 후 바니 목과 등 쪽에 리본으로 묶어준다.

18 튜브 : 색상별로 배색을 넣은 뒤 봉접실을 약 15cm 남긴다. 남긴 실로 흰색 첫 번째 단에 맞춰서 원을 만든 뒤 봉접하고 나머지로 리스에 꿰맨다.

14~17 해님 : 가운데 원형을 뜬 후 첫 번째 삼각형은 바로 이어서 떠준다. 나머지 다섯 개는 실을 새로 연결해서 떠주되 마지막은 꿰맬 실을 약 25cm 남기고 자른다.

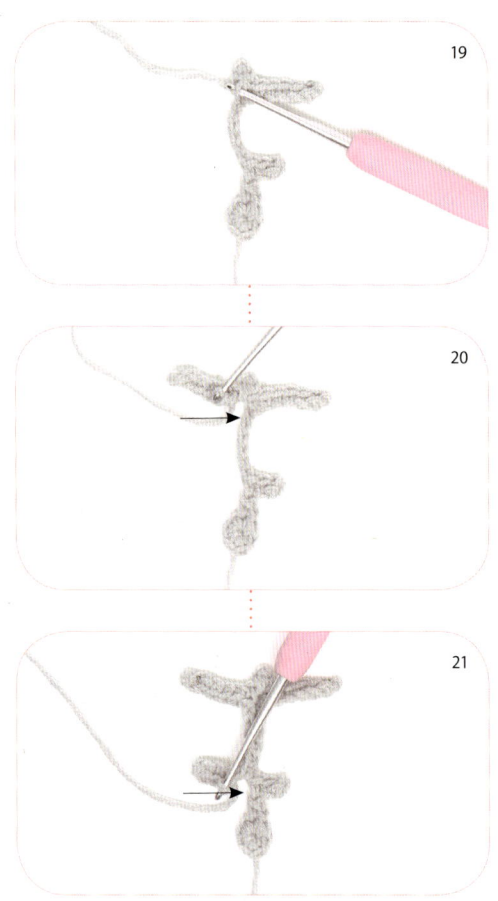

19-21 도안을 보며 뜬 다음 ⓐ피콧까지 완성한 모습이다. 화살표가 표시된 위치부터 짧은뜨기를 6개 뜬 다음 이어서 사슬을 4개 뜬다. 두번째 사슬부터 짧은뜨기 3개 뜬 후 화살표가 표시된 위치에 빼뜨기 1회로 연결한다.

22 완성된 모습

23 물고기를 원하는 색상별로 5개 뜬다. 완성 후 남긴 실을 돗바늘에 꿰서 물고기 몸통 중앙으로 빼준다. 해당 실을 이용해 리스에 꿰매 주고 매듭을 만들어 눈을 표현한다.

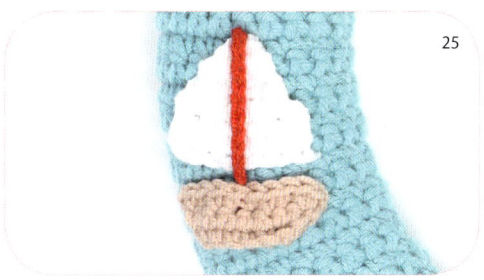

25 돛단배: 배 부분과 메인 세일 부분을 떠준 뒤 리스에 각각 꿰맨다. 모사용 3호 코바늘과 빨간색 실로 사슬 10개를 떠준 뒤 세일 중앙에 꿰맨다.

24 아이스크림: 완성 후 스쿱에 여러 개의 매듭을 만들어서 토핑을 만들어준다.

26 모든 아이템을 뜬 후 사진을 보면서 각자의 위치에 하나씩 꿰매준다.

낙엽과 도토리 가랜드
Fallen leaves & Acorn

한 풀 꺾인 더위, 솔솔 불어오는 서늘한 바람
어느덧 빨갛고 노랗게 물든 나무에서
하나둘씩 떨어지는 낙엽들을 가랜드로 만들어봤어요.
다람쥐도 깜빡 주워 갈 만큼 귀여운 도토리 가랜드와 함께
가을 느낌 가득하게 연출해 볼까요?
성큼 다가온 새 계절을 맞이하기에 딱이랍니다!

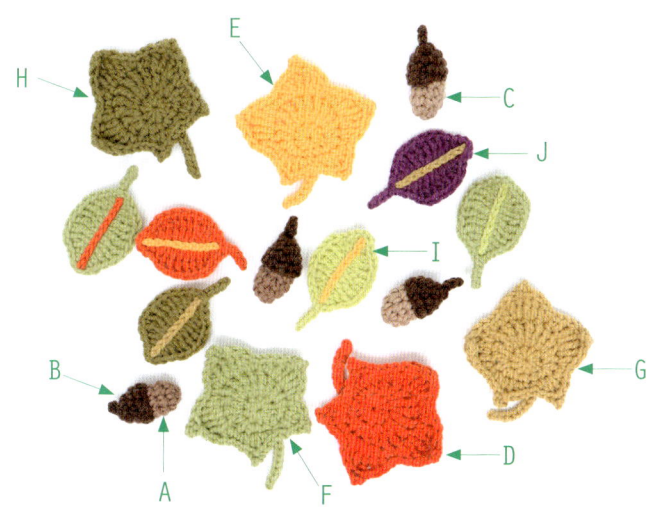

실 : A -연브라운, B -브라운, C -내추럴 베이지, D -다크 오렌지,
E -딥 옐로우, F -올리브 그린, G -머스터드, H -카키, I -라임, J -퍼플
코바늘 6호

'짧은뜨기x1회
+긴뜨기x1회'
+사인이 있으면
한 코에
다 떠주세요.

도토리 (색상별로 2개씩 만들기) / 색상 A, C

단수	설명	코수
1	(원형고리 안에) 짧은뜨기6회 반복, (첫 코에)빼뜨기x1회	6
2	(짧은뜨기x2회 반복, 2코 늘리기x1회) x 2회 반복	8
3~4	짧은뜨기x8회 반복	8
5	(짧은뜨기x2회 반복, 2코 줄이기x1회) x 2회 반복	6
	돗바늘 마무리	

도토리 모자(4개 만들기) / 색상 B

실을 20cm 남기고 시작한다.

단수	설명	코수
1	(원형고리 안에) 짧은뜨기6회 반복, (첫 코에)빼뜨기x1회	6
2	(짧은뜨기x1회 반복, 2코 늘리기x1회) x 3회 반복	9
3~4	짧은뜨기x9회 반복, (처음에 남긴실로) 사슬3개, (두 번째 사슬부터) 빼뜨기x2회 반복	9
꿰맬 실	약 20cm 남기고 자른다.	

메이플 낙엽 5개 만들기 / 색상 D, E, F, G, H

단수	설명	코수
1	(원형고리 안에) 사슬2개, 긴뜨기x9회 반복, (짧은 실을 잡아당긴 뒤 두 번째 사슬에) 빼뜨기x1회	10
2	(기둥코)사슬1개,(빼뜨기 자리에)짧은뜨기x1회,(다음 코에)짧은뜨기x1회+긴뜨기x1회, (다음 코에)긴뜨기x1회+한길긴뜨기x1회,(다음 코에) 한길긴뜨기x1회+두길긴뜨기x1회, (다음 코에 두길 긴뜨기로)2코 늘리기x2회 반복,(다음 코에)두길긴뜨기x1회 +한길긴뜨기x1회, (다음 코에)한길긴뜨기x1회+긴뜨기x1회, (다음 코에)긴뜨기1회+짧은뜨기x1회, (다음 코에) 짧은뜨기x1회, (첫 코에) 빼뜨기x1회	18
3	사슬9개, (두 번째 사슬부터) 빼뜨기x8회 반복, (2단에서 첫 코에 빼뜨기 한 자리에) 짧은뜨기x1회 + 긴뜨기x1회, (다음 코에) 한길긴뜨기x1회+피콧x1회, (같은 자리에)한길긴뜨기x1회, (다음 코에) 긴뜨기x1회+짧은뜨기x1회, (다음 코에)짧은뜨기x1회+한길긴뜨기x1회, (다음 코에)두길긴뜨기x1회+세길긴뜨기x1회+피콧x1회, (다음 코에)세길긴뜨기x1회+두길긴뜨기x1회, (다음 코에)한길긴뜨기x1회+짧은뜨기x1회, (다음 코에)짧은뜨기x1회+한길긴뜨기x1회, (다음 코에)두길긴뜨기x1회+세길긴뜨기x1회+피콧x1회, (다음 코에) 세길긴뜨기x1회+두길긴뜨기x1회, (다음 코에) 한길긴뜨기x1회+짧은뜨기1회, (다음 코에)짧은뜨기x1회+한길긴뜨기x1회, (다음 코에)두길긴뜨기x1회+세길긴뜨기x1회, 피콧x1회, (다음 코에)세길긴뜨기x1회+두길긴뜨기x1회, (다음 코에)한길긴뜨기x1회+짧은뜨기x1회, (다음 코에)짧은뜨기x1회+긴뜨기x1회, (다음 코에)한길긴뜨기x1회+피콧x1회+(같은 자리에)한길긴뜨기x1회, (다음 코에) 긴뜨기x1회+짧은뜨기x1회, (첫 코에) 빼뜨기x1회	
	실을 약 7cm 남기고 '돗바늘로 땀 만들기'를 해서 정리한다.	

낙엽 (6개 만들기) / 색상 D, E, F, J, H

단수	설명	코수	색상
	사슬 15개 만들기		
1	(두 번째 사슬부터) 빼뜨기x4회 반복, (다음 사슬에)짧은뜨기x1회, (다음 사슬에)긴뜨기x1회+한길긴뜨기x1회, (다음 사슬에)두길긴뜨기x1회, (다음 사슬에)두길긴뜨기x1회, (다음 사슬에 두길긴뜨기로)2코 늘리기x1회, (다음 사슬에)두길긴뜨기x1회, (다음 사슬에) 두길긴뜨기x1회+한길긴뜨기x1회, (다음 사슬에) 긴뜨기x1회, (다음 사슬에) 짧은뜨기x1회, (다음 사슬에) 빼뜨기x1회, (사슬 반대편 반코에)빼뜨기x1회, (다음 반코에)짧은뜨기X1회, (다음 반코에)긴뜨기X1회, (다음 반코에)한길긴뜨기X1회+두길긴뜨기x1회, (다음 반코에)두길긴뜨기x1회, (다음 반코에 두길긴뜨기로)2코 늘리기x1회, (다음 반코에)두길긴뜨기x1회, (다음 반코에)두길긴뜨기x1회, (다음 사슬에)한길긴뜨기x1회+긴뜨기x1회, (다음 반코에)짧은뜨기x1회, (다음 반코에)빼뜨기x1회	15	J
	(색상 E) 잎사귀 가운데에 실을 연결해서 사슬로 줄기를 만든다. *만드는 과정 참고		E
	실을 약 7cm 남기고 '돗바늘로 땀 만들기'를 해서 정리한다.		

1 도토리 : 도안을 보고 도토리 몸통을 떠주고 솜은 조금만 채운다.

2 도토리 모자는 원형고리를 만들어줄 때 짧은 실을 약 20cm 남겨준다.

3~5 도안을 보고 완성 후 미리 남긴 실을 원형 고리 사이로 빼준다. 원형 고리 안에 코바늘을 넣고 실을 걸어 빼준 뒤 바로 사슬을 3개 뜬다. 두 번째 사슬부터 빼뜨기 2개를 뜬 뒤 남은 실은 다시 원형 고리 안쪽으로 넣고 정리한다. 도토리 모자를 몸통에 살짝 꿰매준다.

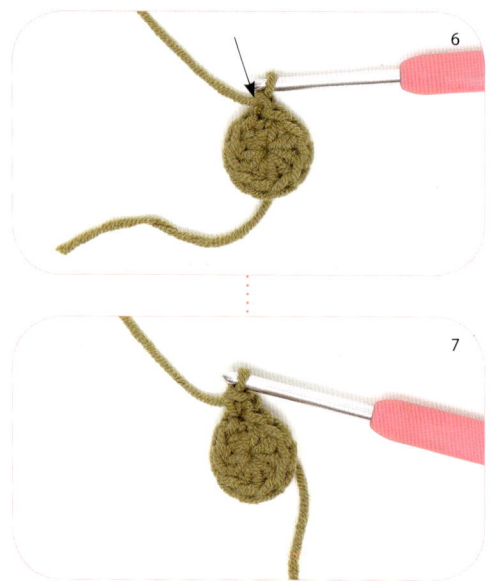

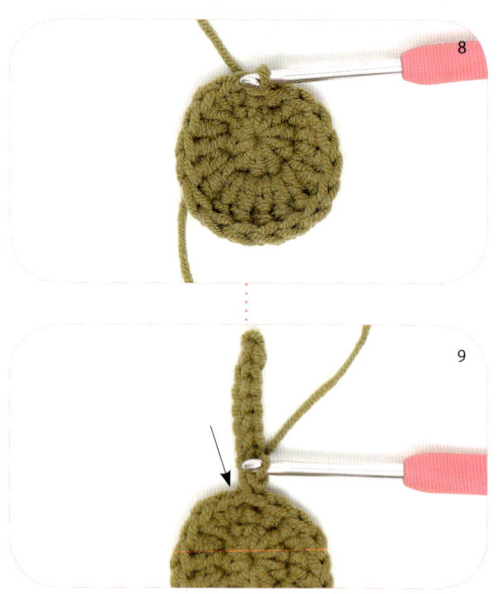

6~7 메이플 잎사귀 : 1단을 뜬 후 2단을 시작할 때 기둥코 사슬1개를 만들고 1단에서 화살표가 표시된 빼뜨기한 자리부터 짧은뜨기 1개를 시작한다.

8~9 3단은 2단 마지막에서 빼뜨기한 상태에서 바로 이어서 사슬 9개를 만들고 두 번째 사슬부터 빼뜨기를 8개 떠서 처음 시작한 위치로 돌아온다. 첫 번째 짧은뜨기는 2단에서 첫 코에 빼뜨기한 화살표가 표시된 위치에 뜨고 3단을 시작해서 완성한다.

11~16 낙엽: 도안을 보고 완성한 후 낙엽 중앙에 사슬을 만들어준다. 낙엽 제일 아래 부분에 코바늘을 넣고 사슬을 만들 색상의 실을 끌고 나오면 바늘에 고리가 하나 생긴다. 코바늘을 다시 넣고 실을 끌고 나오면 첫 번째 사슬이 생긴다. 같은 방법으로 끝까지 반복해서 사슬을 완성한다.

할로윈 가랜드 & 호박

Happy Halloween & Pumprin

BOO! 귀여운 유령 친구와 여러 개의 호박 가랜드로
우리 집에도 할로윈 기분을 내볼까요?
바구니에 사탕과 함께 장식해도 좋고,
파티 식탁 위에서도 멋진 포인트가 될 거예요.
TRICK OR TREAT!

실 : A -검정색 70g, B -흰색 25g, C -연귤색 20g, D -올리브색 15g,
E -보라색 15g, F -호박색 35g, G- 갈색 조금
코바늘 6호

(A)검정 (B)흰색으로 떠주세요.

고스트 모티브(6호) 2개 만들기 / 색상 A, B

단수	설명	코수
	(A) 사슬 25개 만들기	25
1	(두 번째 사슬산부터) 짧은뜨기x24회 반복, 기둥코 사슬 1개, (반시계 방향으로 돌리기)	24
2~4	짧은뜨기x24회 반복, 기둥코 사슬1개, (반시계 방향으로 돌리기)	24
5	짧은뜨기x5회 반복, (B) 짧은뜨기x8회 반복, (A) 짧은뜨기x11회 반복, 기둥코 사슬1개, (반시계 방향으로 돌리기)	24
6	짧은뜨기x9회 반복, (B) 짧은뜨기x11회 반복, (A) 짧은뜨기x4회 반복, 기둥코 사슬1개, (반시계 방향으로 돌리기)	24
7	짧은뜨기x4회 반복, (B) 짧은뜨기x1회, (A) 짧은뜨기x2회 반복, (B) 짧은뜨기x9회 반복, (A) 짧은뜨기x8회 반복, 기둥코 사슬1개, (반시계 방향으로 돌리기)	24
8	짧은뜨기x7회 반복, (B) 짧은뜨기x10회 반복, (A) 짧은뜨기x7회 반복, 기둥코 사슬1개, (반시계 방향으로 돌리기)	24
9	짧은뜨기x8회 반복, (B) 짧은뜨기x9회 반복, (A) 짧은뜨기x7회 반복, 기둥코 사슬1개, (반시계 방향으로 돌리기)	24
10	짧은뜨기x6회 반복, (B) 짧은뜨기x9회 반복, (A) 짧은뜨기x9회 반복, 기둥코 사슬1개, (반시계 방향으로 돌리기)	24
11	짧은뜨기x9회 반복, (B) 짧은뜨기x9회 반복, (A) 짧은뜨기x6회 반복, 기둥코 사슬1개, (반시계 방향으로 돌리기)	24
12	짧은뜨기x6회 반복, (B) 짧은뜨기x9회 반복, (A) 짧은뜨기x9회 반복, 기둥코 사슬1개, (반시계 방향으로 돌리기)	24
13	짧은뜨기x7회 반복, (B) 짧은뜨기x1회, (A) 짧은뜨기x1회, (B) 짧은뜨기x9회 반복, (A) 짧은뜨기x1회, (B) 짧은뜨기x1회, (A) 짧은뜨기x4회 반복, 기둥코 사슬1개, (반시계 방향으로 돌리기)	24
14	짧은뜨기x4회 반복, (B) 짧은뜨기x13회 반복, (A) 짧은뜨기x7회 반복, 기둥코 사슬1개, (반시계 방향으로 돌리기)	24
15	짧은뜨기x8회 반복, (B) 짧은뜨기x11회 반복, (A) 짧은뜨기x5회 반복, 기둥코 사슬1개, (반시계 방향으로 돌리기)	24
16	짧은뜨기x6회 반복, (B) 짧은뜨기x9회 반복, (A) 짧은뜨기x9회 반복, 기둥코 사슬1개, (반시계 방향으로 돌리기)	24
17	짧은뜨기x9회 반복, (B) 짧은뜨기x2회 반복, (A) 짧은뜨기x1회, (B) 짧은뜨기x3회 반복, (A) 짧은뜨기x1회, (B) 짧은뜨기x2회 반복, (A) 짧은뜨기x6회 반복, 기둥코 사슬1개, (반시계 방향으로 돌리기)	24
18	짧은뜨기x6회 반복, (B) 짧은뜨기x9회 반복, (A) 짧은뜨기x9회 반복, 기둥코 사슬1개, (반시계 방향으로 돌리기)	24
19	짧은뜨기x9회 반복, (B) 짧은뜨기x9회 반복, (A) 짧은뜨기x6회 반복, 기둥코 사슬1개, (반시계 방향으로 돌리기)	24
20	짧은뜨기x7회 반복, (B) 짧은뜨기x7회 반복, (A) 짧은뜨기x10회 반복, 기둥코 사슬1개, (반시계 방향으로 돌리기)	24
21	짧은뜨기x11회 반복, (B) 짧은뜨기x5회 반복, (A) 짧은뜨기x8회 반복, 기둥코 사슬1개, (반시계 방향으로 돌리기)	24
22~50	짧은뜨기x24회 반복, 기둥코 사슬1개, (반시계 방향으로 돌리기)	24
꿰맬 실	약 100cm 남기고 자른다.	

(A)검정
(C)연굴색으로
떠주세요.

B 모티브(1개 만들기) / 색상 A, C

단수	설명	코수
	(A) 사슬 25개 만들기	25
1	(두 번째 사슬산부터) 짧은뜨기x24회 반복, 기둥코 사슬 1개, (반시계 방향으로 돌리기)	24
2~4	짧은뜨기x24회 반복, 기둥코 사슬1개, (반시계 방향으로 돌리기)	24
5	짧은뜨기x5회 반복, (C) 짧은뜨기x13회 반복, (A) 짧은뜨기x6회 반복, 기둥코 사슬1개, (반시계 방향으로 돌리기)	24
6	짧은뜨기x6회 반복, (C) 짧은뜨기x13회 반복, (A) 짧은뜨기x5회 반복, 기둥코 사슬1개, (반시계 방향으로 돌리기)	24
7	짧은뜨기x5회 반복, (C) 짧은뜨기x13회 반복, (A) 짧은뜨기x6회 반복, 기둥코 사슬1개, (반시계 방향으로 돌리기)	24
8	짧은뜨기x4회 반복, (C) 짧은뜨기x4회 반복, (A) 짧은뜨기x8회 반복, (C) 짧은뜨기x3회 반복, (A) 짧은뜨기x5회 반복, 기둥코 사슬1개, (반시계 방향으로 돌리기)	24
9	짧은뜨기x5회 반복, (C) 짧은뜨기x3회 반복, (A) 짧은뜨기x8회 반복, (C) 짧은뜨기x4회 반복, (A) 짧은뜨기x4회 반복, 기둥코 사슬1개, (반시계 방향으로 돌리기)	24
10	짧은뜨기x4회 반복, (C) 짧은뜨기x4회 반복, (A) 짧은뜨기x8회 반복, (C) 짧은뜨기x3회 반복, (A) 짧은뜨기x5회 반복, 기둥코 사슬1개, (반시계 방향으로 돌리기)	24
11	짧은뜨기x5회 반복, (C) 짧은뜨기x3회 반복, (A) 짧은뜨기x8회 반복, (C) 짧은뜨기x4회 반복, (A) 짧은뜨기x4회 반복, 기둥코 사슬1개, (반시계 방향으로 돌리기)	24
12	짧은뜨기x6회 반복, (C) 짧은뜨기x13회 반복, (A) 짧은뜨기x5회 반복, 기둥코 사슬1개, (반시계 방향으로 돌리기)	24
13	짧은뜨기x5회 반복, (C) 짧은뜨기x13회 반복, (A) 짧은뜨기x6회 반복, 기둥코 사슬1개, (반시계 방향으로 돌리기)	24
14	짧은뜨기x6회 반복, (C) 짧은뜨기x13회 반복, (A) 짧은뜨기x5회 반복, 기둥코 사슬1개, (반시계 방향으로 돌리기)	24
15	짧은뜨기x5회 반복, (C) 짧은뜨기x3회 반복, (A) 짧은뜨기x8회 반복, (C) 짧은뜨기x4회 반복, (A) 짧은뜨기x4회 반복, 기둥코 사슬1개, (반시계 방향으로 돌리기)	24
16	짧은뜨기x4회 반복, (C) 짧은뜨기x4회 반복, (A) 짧은뜨기x8회 반복, (C) 짧은뜨기x3회 반복, (A) 짧은뜨기x5회 반복, 기둥코 사슬1개, (반시계 방향으로 돌리기)	24
17	짧은뜨기x5회 반복, (C) 짧은뜨기x3회 반복, (A) 짧은뜨기x8회 반복, (C) 짧은뜨기x4회 반복, (A) 짧은뜨기x4회 반복, 기둥코 사슬1개, (반시계 방향으로 돌리기)	24
18	짧은뜨기x4회 반복, (C) 짧은뜨기x4회 반복, (A) 짧은뜨기x8회 반복, (C) 짧은뜨기x3회 반복, (A) 짧은뜨기x5회 반복, 기둥코 사슬1개, (반시계 방향으로 돌리기)	24
19	짧은뜨기x5회 반복, (C) 짧은뜨기x13회 반복, (A) 짧은뜨기x6회 반복, 기둥코 사슬1개, (반시계 방향으로 돌리기)	24
20	짧은뜨기x6회 반복, (C) 짧은뜨기x13회 반복, (A) 짧은뜨기x5회 반복, 기둥코 사슬1개, (반시계 방향으로 돌리기)	24
21	짧은뜨기x5회 반복, (C) 짧은뜨기x13회 반복, (A) 짧은뜨기x6회 반복, 기둥코 사슬1개, (반시계 방향으로 돌리기)	24
22~50	짧은뜨기x24회 반복, 기둥코 사슬1개, (반시계 방향으로 돌리기)	24
꿰맬 실	약 100cm 남기고 자른다.	

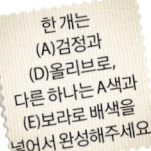
한 개는 (A)검정과 (D)올리브로, 다른 하나는 A색과 (E)보라로 배색을 넣어서 완성해주세요.

O 모티브(2개 만들기) / 색상 A, D, E

단수	설명	코수
	(A) 사슬 25개 만들기	25
1	(두 번째 사슬산부터) 짧은뜨기x24회 반복, 기둥코 사슬 1개, (반시계 방향으로 돌리기)	24
2~4	짧은뜨기x24회 반복, 기둥코 사슬1개, (반시계 방향으로 돌리기)	24
5	짧은뜨기x8회 반복, (D,E) 짧은뜨기x8회 반복, (A) 짧은뜨기x8회 반복, 기둥코 사슬1개, (반시계 방향으로 돌리기)	24
6~7	짧은뜨기x6회 반복, (D,E) 짧은뜨기x12회 반복, (A) 짧은뜨기x6회 반복, 기둥코 사슬1개, (반시계 방향으로 돌리기)	24
8	짧은뜨기x6회 반복, (D,E) 짧은뜨기x2회 반복, (A) 짧은뜨기x8회 반복, (D,E) 짧은뜨기x2회 반복, (A) 짧은뜨기x6회 반복, 기둥코 사슬1개, (반시계 방향으로 돌리기)	24
9~17	짧은뜨기x4회 반복, (D,E) 짧은뜨기x3회 반복, (A) 짧은뜨기x10회 반복, (D,E) 짧은뜨기x3회 반복, (A) 짧은뜨기x4회 반복, 기둥코 사슬1개, (반시계 방향으로 돌리기)	24
18	짧은뜨기x6회 반복, (D,E) 짧은뜨기x2회 반복, (A) 짧은뜨기x8회 반복, (D,E) 짧은뜨기x2회 반복, (A) 짧은뜨기x6회 반복, 기둥코 사슬1개, (반시계 방향으로 돌리기)	24
19~20	짧은뜨기x6회 반복, (D,E) 짧은뜨기x12회 반복, (A) 짧은뜨기x6회 반복, 기둥코 사슬1개, (반시계 방향으로 돌리기)	24
21	짧은뜨기x8회 반복, (D,E) 짧은뜨기x8회 반복, (A) 짧은뜨기x8회 반복, 기둥코 사슬1개, (반시계 방향으로 돌리기)	24
22~50	짧은뜨기x24회 반복, 기둥코 사슬1개, (반시계 방향으로 돌리기)	24
꿰맬 실	약 100cm 남기고 자른다.	

호박 S사이즈(4호)(둘레 23.5cm) / 색상 F

단수	설명	코수
1	(원형고리 안에) 짧은뜨기x6회 반복, (첫 코에) 빼뜨기	6
2	2코 늘리기x6회 반복	12
3	(짧은뜨기x1회, 2코 늘리기x1회)x6회 반복	18
4	짧은뜨기x1회, 2코 늘리기x1회, (짧은뜨기x2회 반복, 2코 늘리기x1회)x5회 반복, 짧은뜨기x1회	24
5	(짧은뜨기x3회 반복, 2코 늘리기)x6회 반복	30
6	짧은뜨기x2회 반복, 2코 늘리기x1회, (짧은뜨기x4회 반복, 2코 늘리기x1회)x5회 반복, 짧은뜨기x2회 반복	36
7~11	짧은뜨기x36회 반복	36
12	짧은뜨기x2회 반복, 2코 줄이기x1회, (짧은뜨기x4회 반복, 2코 줄이기x1회)x5회 반복, 짧은뜨기x2회 반복	30
13	(짧은뜨기x3회 반복, 2코 줄이기x1회)x6회 반복	24
14	짧은뜨기x1회, 2코 줄이기x1회, (짧은뜨기x2회 반복, 2코 줄이기x1회)x5회 반복, 짧은뜨기x1회	18
15	(짧은뜨기x1회, 2코 줄이기x1회)x6회 반복	12
16	2코 줄이기x4회 반복	8
	모양 만들 실을 약 40cm 남기고 자른다.	
	실이 부족할 경우 호박 아래부분에 실을 새로 연결해서 만들어준다.	

호박 M 사이즈(5호) (둘레 31cm) / 색상 F

단수	설명	코수
1	(원형고리 안에) 짧은뜨기x6회 반복, (첫 코에) 빼뜨기x1회	6
2	2코 늘리기x6회 반복	12
3	(짧은뜨기x1회, 2코 늘리기x1회)x6회 반복	18
4	짧은뜨기x1회, 2코 늘리기x1회, (짧은뜨기x2회 반복, 2코 늘리기x1회)x5회 반복, 짧은뜨기x1회	24
5	(짧은뜨기x3회, 2코 늘리기x1회)x6회 반복	30
6	짧은뜨기x2회, 2코 늘리기x1회, (짧은뜨기x4회 반복, 2코 늘리기x1회)x5회 반복, 짧은뜨기x2회 반복	36
7	(짧은뜨기x5회, 2코 늘리기x1회)x6회 반복	42
8	짧은뜨기x3회, 2코 늘리기x1회, (짧은뜨기x6회 반복, 2코 늘리기x1회)x5회 반복, 짧은뜨기x3회 반복	48
9~14	짧은뜨기x48회 반복	48
15	짧은뜨기x3회, 2코 줄이기x1회, (짧은뜨기x6회 반복, 2코 줄이기x1회)x5회 반복, 짧은뜨기x3회 반복	42
16	(짧은뜨기x5회, 2코 줄이기x1회)x6회 반복	36
17	짧은뜨기x2회, 2코 줄이기x1회, (짧은뜨기x4회 반복, 2코 줄이기x1회)x5회 반복, 짧은뜨기x2회 반복	30
18	(짧은뜨기x3회, 2코 줄이기x1회)x6회 반복	24
19	짧은뜨기x1회, 2코 줄이기x1회, (짧은뜨기x2회 반복, 2코 줄이기x1회)x5회 반복, 짧은뜨기x1회	18
20	(짧은뜨기x1회, 2코 줄이기x1회)x6회 반복	12
21	2코 줄이기x4회 반복	8
	모양 만들 실을 약 40cm 남기고 자른다.	

호박 꼭지(호박 사이즈에 맞는 호수로 떠준다) / 색상 G

단수	설명	코수
1	(원형고리 안에) 짧은뜨기x5회 반복, (첫 코에) 빼뜨기x1회	5
2~5	짧은뜨기x5회 반복	5
6	[짧은뜨기x1회, 사슬2개, (같은 자리에) 짧은뜨기x1회] x 5회 반복	
꿰맬 실	약 20cm 남기고 자른다.	

단수	설명	코수
1	(원형고리 안에) 짧은뜨기x6회 반복, (첫 코에) 빼뜨기x1회	6
2	2코 늘리기x6회 반복	12
3	(짧은뜨기x1회, 2코 늘리기x1회)x6회 반복	18
4	짧은뜨기x1회, 2코 늘리기x1회, (짧은뜨기x2회 반복, 2코 늘리기x1회)x5회 반복, 짧은뜨기x1회	24
5	(짧은뜨기x3회 반복, 2코 늘리기x1회)x6회 반복	30
6	짧은뜨기x2회 반복, 2코 늘리기x1회, (짧은뜨기x4회 반복, 2코 늘리기x1회)x5회 반복, 짧은뜨기x2회 반복	36
7	(짧은뜨기x5회 반복, 2코 늘리기x1회)x6회 반복	42
8	짧은뜨기x3회 반복, 2코 늘리기x1회, (짧은뜨기x6회 반복, 2코 늘리기x1회)x5회 반복, 짧은뜨기x3회 반복	48
9	(짧은뜨기x7회 반복, 2코 늘리기x1회)x6회 반복	54
10	짧은뜨기x4회 반복, 2코 늘리기x1회, (짧은뜨기x8회 반복, 2코 늘리기x1회)x5회 반복, 짧은뜨기x4회 반복	60
11~21	짧은뜨기x60회 반복	60
22	짧은뜨기x4회 반복, 2코 줄이기x1회, (짧은뜨기x8회 반복, 2코 줄이기x1회)x5회 반복, 짧은뜨기x4회 반복	54
23	(짧은뜨기x7회 반복, 2코 줄이기x1회)x6회 반복	48
24	짧은뜨기x3회 반복, 2코 줄이기x1회, (짧은뜨기x6회 반복, 2코 줄이기x1회)x5회 반복, 짧은뜨기x3회 반복	42
25	(짧은뜨기x5회 반복, 2코 줄이기x1회)x6회 반복	36
26	짧은뜨기x2회 반복, 2코 줄이기x1회, (짧은뜨기x4회 반복, 2코 줄이기x1회)x5회 반복, 짧은뜨기x2회 반복	30
27	(짧은뜨기x3회 반복, 2코 줄이기x1회)x6회 반복	24
28	짧은뜨기x1회, 2코 줄이기x1회, (짧은뜨기x2회 반복, 2코 줄이기x1회)x5회 반복, 짧은뜨기x1회	18
29	(짧은뜨기x1회, 2코 줄이기x1회)x6회 반복	12
30	2코 줄이기x4회 반복	8
	모양 만들 실을 약 40cm 남기고 자른다.	

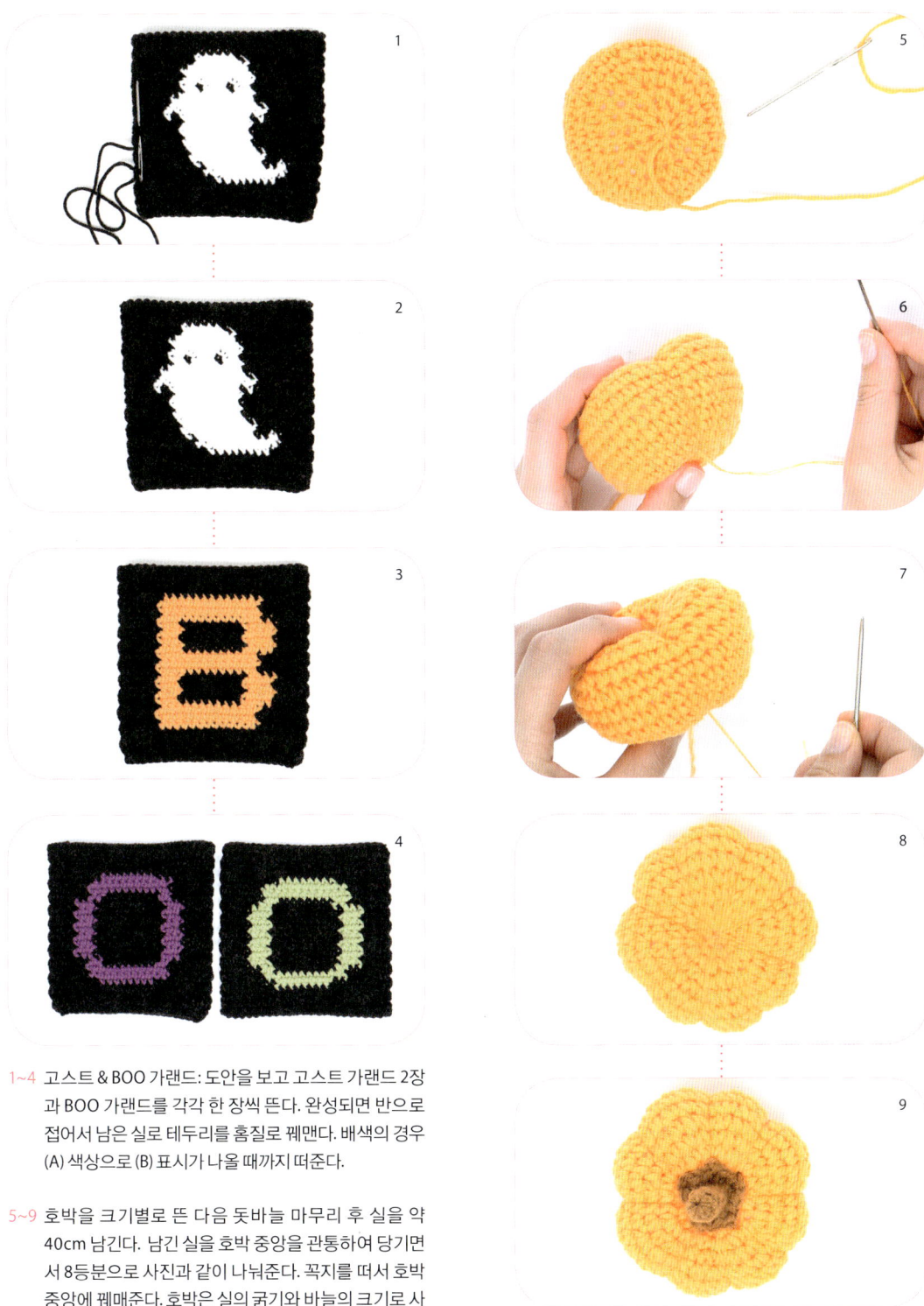

1~4 고스트 & BOO 가랜드: 도안을 보고 고스트 가랜드 2장과 BOO 가랜드를 각각 한 장씩 뜬다. 완성되면 반으로 접어서 남은 실로 테두리를 홈질로 꿰맨다. 배색의 경우 (A) 색상으로 (B) 표시가 나올 때까지 떠준다.

5~9 호박을 크기별로 뜬 다음 돗바늘 마무리 후 실을 약 40cm 남긴다. 남긴 실을 호박 중앙을 관통하여 당기면서 8등분으로 사진과 같이 나눠준다. 꼭지를 떠서 호박 중앙에 꿰매준다. 호박은 실의 굵기와 바늘의 크기로 사이즈를 조절할 수 있다.

가을 모티브 가랜드

Autumn Breeze

가을색이 오롯이 담겨 따스한 여유가 한가득,
패턴 응용 가랜드입니다.
따뜻한 음료가 담긴 머그컵의 받침으로도,
가방에 달아 원 포인트로도,
마음 가는 대로 다양하게 활용할 수 있어요!

A-올리브베이지 15g, B-올리브 13g, C-보라 20g, D-연주황 28g, E-파랑 20g, F-핑크 18g,
G- 연브라운 18g, H-연베이지 10g, I-카키브라운 12g, J-연연베이지 6g

'짧은뜨기x1회+
사슬 1개+
짧은뜨기X1회'
+사인이 있으면
한 코에 다 떠주세요.

단수	설명	코수	색상
1	(원형고리 안에 기둥코) 사슬2개, 긴뜨기x11회 반복, (두번째 사슬에) 빼뜨기x1회	12	G
2	사슬3개, [(한 코 건너띄고 다음 코에) 긴뜨기x2회 반복 + 사슬1개x1회] x 5회 반복, (기둥코 자리에) 긴뜨기x1회, (두 번째 사슬에) 빼뜨기x1회	18	
3	(사슬구멍에) 빼뜨기x1회, 사슬2개, (같은 자리에)긴뜨기x1회+사슬2개+긴뜨기x2회 반복, [(다음 사슬 구멍에)긴뜨기x2회 반복+사슬2개+긴뜨기x2회 반복] x 5회 반복, (두 번째 사슬에) 빼뜨기x1회, (다음 코에) 빼뜨기x1회	30	D
4	(사슬 구멍에) 빼뜨기x1회, (이어서) 사슬2개, (사슬 구멍에)한길뜨기x6회 반복, (두 번째 단, 아래 긴뜨기 2개 위치에)짧은뜨기x1회, [(다음 사슬 구멍에)한길긴뜨기x7회 반복, (두 번째 단, 아래 긴뜨기 2개 위치에)짧은뜨기x1회]x5회 반복, (두번째 사슬에) 빼뜨기x1회	48	C
5	사슬2개, 긴뜨기x1회, 짧은뜨기x1회, [(다음 코에)짧은뜨기x1회+사슬1개+짧은뜨기x1회], 짧은뜨기x1회, 긴뜨기x2회 반복, 한길긴뜨기x1회, {(긴뜨기x2회 반복, 짧은뜨기x1회, [(다음 코에)짧은뜨기x1회+사슬1개+짧은뜨기x1회], 짧은뜨기x1회, 긴뜨기x2회 반복, 한길긴뜨기x1회}x5회 반복, (두번째 사슬에) 빼뜨기x1회	60	B
6	(다음 코부터) 빼뜨기x59회 반복	60	A

1~2 1단에서 기둥코 사슬 2개를 뜬 후 긴뜨기 11번째를 완성할 때 새로운 색상의 실을 걸어서 빼준다.

3 바뀐 색상으로 두 번째 사슬에 빼뜨기를 한 후 사슬 3개를 떠서 2단을 시작한다.

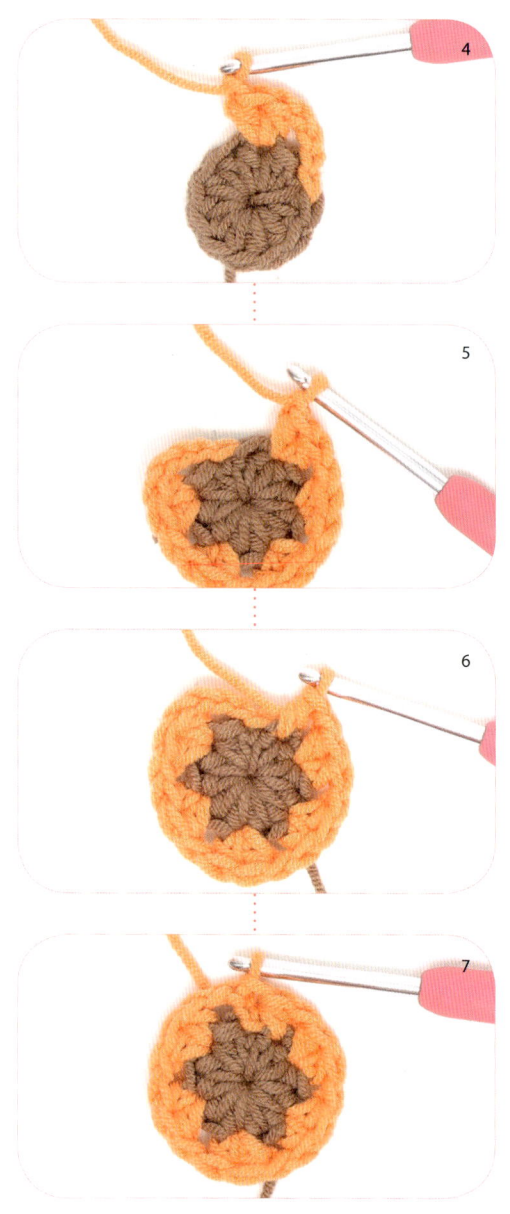

4~7 다음 첫 코를 건너뛰고 그 다음 두 번째 코에 긴뜨기를 두 개 뜬 후 사슬을 1개 뜬다. (긴뜨기x2회, 사슬1개)를 아래 한 코씩 건너뛰면서 끝까지 반복한다. 마지막 기둥코 사슬 2개가 있는 자리에는 긴뜨기 한 개와 사슬 1개를 뜨고 두 번째 사슬에 빼뜨기를 해서 완성한다.

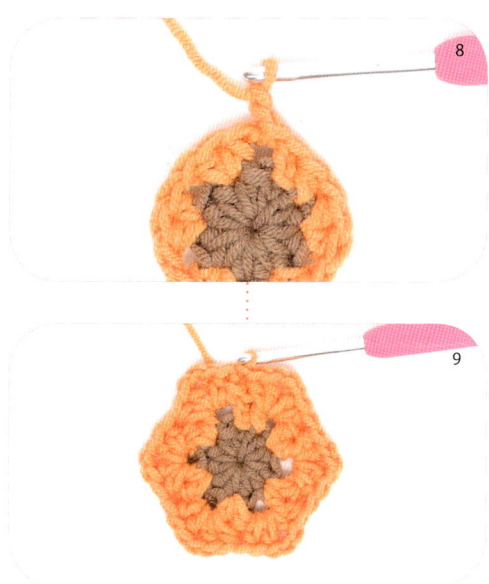

8~9 사슬구멍에 한 번 더 빼뜨기를 한 후 기둥코 사슬 2개를 만들어서 3단을 시작한다.

10~11 4단에서는 두 번째 빼뜨기에서 색상을 바꾸고 바뀐 색상으로 한 번 더 빼뜨기를 해서 사슬구멍까지 위치를 옮긴다. 이어서 사슬을 3개 만든다.

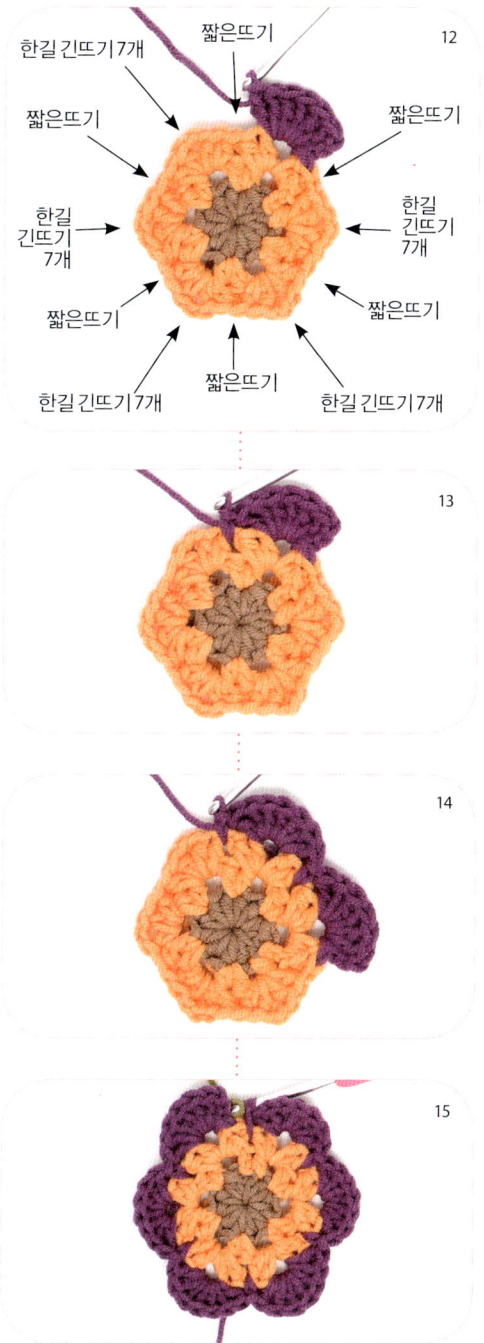

12~16 첫 번째 사슬구멍에는 한길긴뜨기를 6개 떠준다. 화살표가 표시된 위치에 짧은뜨기를 1개 뜬다. 이 후 모든 사슬구멍에는 한길긴뜨기를 7개씩 떠주고 그 사이에는 화살표가 표시된 위치에 짧은뜨기를 한 개씩 떠준다. 이 때, 마지막 짧은뜨기를 완성할 때 색상을 바꿔준다. 바뀐 실로 세 번째 사슬에 빼뜨기를 한다.

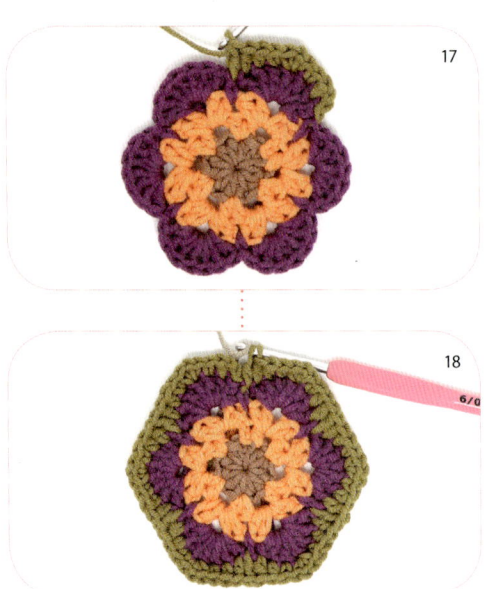

19~21 6단에서는 바뀐 색상으로 두 번째 사슬에 빼뜨기를 한 후 남은 코에 빼뜨기를 한 코에 하나씩 떠서 마무한다. 이 때 실을 약 15cm 남기고 자른 뒤 남은 실로 고리를 만들어 완성한다.

17~18 5단은 도안을 보면서 쭉 떠주고 마지막 한길긴뜨기를 완성할 때 색상을 바꿔준다.

크리스마스 트리 가랜드

Christmas Tree

메리 크리스마스!
크리스마스라면 빠질 수 없는 멋진 트리를 손뜨개로 만들어봅니다.
별, 눈사람, 종, 산타 할아버지 참을 만들어
크리스마스 트리에 하나하나 달아주고
꼬마 전구의 반짝임까지 함께한다면
누구라도 잊을 수 없는 크리스마스가 될 거예요.

실 : A -초록 90g, B -밤색 8g, C -노란색 5g, D -흰색 6g, E -검정색 조금, F -주황색 조금, G -빨간색 8g, H -살색 조금, I -수면사 흰색 조금, J -연베이지 조금, K -멜란지 코코아 5g, L -진밤색 조금, M -연노랑 5g, N -연두색 10g

코바늘 모사용 6호, 모사용 3호, 단추 눈 5mm 3쌍

크리스마스트리(6호) / 색상 A

단수	설명	코수
	사슬2개 만들기	2
1	(두 번째 사슬부터) 2코늘리기x1회, 기둥코 사슬1개, (반시계 방향으로 돌리기)	2
2	2코 늘리기x2회 반복, 기둥코 사슬1개, (반시계 방향으로 돌리기)	4
3	짧은뜨기x4회 반복, 기둥코 사슬1개, (반시계 방향으로 돌리기)	4
4	2코 늘리기x1회, 짧은뜨기x2회 반복, 2코 늘리기x1회, 기둥코 사슬1개, (반시계 방향으로 돌리기)	6
5	짧은뜨기x6회 반복, 기둥코 사슬1개, (반시계 방향으로 돌리기)	6
6	2코 늘리기x1회, 짧은뜨기x4회 반복, 2코 늘리기x1회, 기둥코 사슬1개, (반시계 방향으로 돌리기)	8
7	짧은뜨기x8회 반복, 기둥코 사슬1개, (반시계 방향으로 돌리기)	8
8	2코 늘리기x1회, 짧은뜨기x6회 반복, 2코 늘리기x1회, 기둥코 사슬1개, (반시계 방향으로 돌리기)	10
9	짧은뜨기x10회 반복, 기둥코 사슬1개, (반시계 방향으로 돌리기)	10
10	2코 늘리기x1회, 짧은뜨기x8회 반복, 2코 늘리기x1회, 기둥코 사슬1개, (반시계 방향으로 돌리기)	12
11	짧은뜨기x12회 반복, 기둥코 사슬1개, (반시계 방향으로 돌리기)	12
12	2코 늘리기x1회, 짧은뜨기x10회 반복, 2코 늘리기x1회, 기둥코 사슬1개, (반시계 방향으로 돌리기)	14
13	짧은뜨기x14회 반복, 기둥코 사슬1개, (반시계 방향으로 돌리기)	14
14	2코 늘리기x1회, 짧은뜨기x12회 반복, 2코 늘리기x1회, 기둥코 사슬1개, (반시계 방향으로 돌리기)	16
15	짧은뜨기x16회 반복, 기둥코 사슬1개, (반시계 방향으로 돌리기)	16
16	2코 늘리기x1회, 짧은뜨기x14회 반복, 2코 늘리기x1회, 기둥코 사슬1개, (반시계 방향으로 돌리기)	18
17	짧은뜨기x18회 반복, 기둥코 사슬1개, (반시계 방향으로 돌리기)	18
18	2코 늘리기x1회, 짧은뜨기x16회 반복, 2코 늘리기x1회, 기둥코 사슬1개, (반시계 방향으로 돌리기)	20
19	짧은뜨기x20회 반복, 기둥코 사슬1개, (반시계 방향으로 돌리기)	20
20	2코 늘리기x1회, 짧은뜨기x18회 반복, 2코 늘리기x1회, 기둥코 사슬1개, (반시계 방향으로 돌리기)	22
21	짧은뜨기x22회 반복, 기둥코 사슬1개, (반시계 방향으로 돌리기)	22
22	2코 늘리기x1회, 짧은뜨기x20회 반복, 2코 늘리기x1회, 기둥코 사슬1개, (반시계 방향으로 돌리기)	24
23	짧은뜨기x24회 반복, 기둥코 사슬1개, (반시계 방향으로 돌리기)	24
24	2코 늘리기x1회, 짧은뜨기x22회 반복, 2코 늘리기x1회, 기둥코 사슬1개, (반시계 방향으로 돌리기)	26
25	짧은뜨기x26회 반복, 기둥코 사슬1개, (반시계 방향으로 돌리기)	26
26	2코 늘리기x1회, 짧은뜨기x24회 반복, 2코 늘리기x1회, 기둥코 사슬1개, (반시계 방향으로 돌리기)	28
27	짧은뜨기x28회 반복, 기둥코 사슬1개, (반시계 방향으로 돌리기)	28
28	2코 늘리기x1회, 짧은뜨기x26회 반복, 2코 늘리기x1회, 기둥코 사슬1개, (반시계 방향으로 돌리기)	30
29	짧은뜨기x30회 반복, 기둥코 사슬1개, (반시계 방향으로 돌리기)	30
30	2코 늘리기x1회, 짧은뜨기x28회 반복, 2코 늘리기x1회, 기둥코 사슬1개, (반시계 방향으로 돌리기)	32
31	짧은뜨기x32회 반복, 기둥코 사슬1개, (반시계 방향으로 돌리기)	32
32	2코 늘리기x1회, 짧은뜨기x30회 반복, 2코 늘리기x1회, 기둥코 사슬1개, (반시계 방향으로 돌리기)	34
33	짧은뜨기x34회 반복, 기둥코 사슬1개, (반시계 방향으로 돌리기)	34
34	2코 늘리기x1회, 짧은뜨기x32회 반복, 2코 늘리기x1회, 기둥코 사슬1개, (반시계 방향으로 돌리기)	36
35	짧은뜨기x36회 반복, 기둥코 사슬1개, (반시계 방향으로 돌리기)	36
36	2코 늘리기x1회, 짧은뜨기x34회 반복, 2코 늘리기x1회, 기둥코 사슬1개, (반시계 방향으로 돌리기)	38
37	짧은뜨기x38회 반복, 기둥코 사슬1개, (반시계 방향으로 돌리기)	38

38	2코 늘리기x1회, 짧은뜨기x36회 반복, 2코 늘리기x1회, 기둥코 사슬1개, (반시계 방향으로 돌리기)	40
39	짧은뜨기x40회 반복, 기둥코 사슬1개, (반시계 방향으로 돌리기)	40
40	2코 늘리기x1회, 짧은뜨기x38회 반복, 2코 늘리기x1회, 기둥코 사슬1개, (반시계 방향으로 돌리기)	42
41	짧은뜨기x42회 반복, 기둥코 사슬1개, (반시계 방향으로 돌리기)	42
42	2코 늘리기x1회, 짧은뜨기x40회 반복, 2코 늘리기x1회, 기둥코 사슬1개, (반시계 방향으로 돌리기)	44
43	짧은뜨기x44회 반복, 기둥코 사슬1개, (반시계 방향으로 돌리기)	44
44	2코 늘리기x1회, 짧은뜨기x42회 반복, 2코 늘리기x1회, 기둥코 사슬1개, (반시계 방향으로 돌리기)	46
45	짧은뜨기x46회 반복, 기둥코 사슬1개, (반시계 방향으로 돌리기)	46
46	2코 늘리기x1회, 짧은뜨기x44회 반복, 2코 늘리기x1회, 기둥코 사슬1개, (반시계 방향으로 돌리기)	48
47	짧은뜨기x48회 반복, 기둥코 사슬1개, (반시계 방향으로 돌리기)	48
48	2코 늘리기x1회, 짧은뜨기x46회 반복, 2코 늘리기x1회, 기둥코 사슬1개, (반시계 방향으로 돌리기)	50
49	짧은뜨기x50회 반복, 기둥코 사슬1개, (반시계 방향으로 돌리기)	50
50	2코 늘리기x1회, 짧은뜨기x48회 반복, 2코 늘리기x1회, 기둥코 사슬1개, (반시계 방향으로 돌리기)	52
51	짧은뜨기x52회 반복, 기둥코 사슬1개, (반시계 방향으로 돌리기)	52
52	2코 늘리기x1회, 짧은뜨기x50회 반복, 2코 늘리기x1회, 기둥코 사슬1개, (반시계 방향으로 돌리기)	54
53	짧은뜨기x54회 반복, 기둥코 사슬1개, (반시계 방향으로 돌리기)	54
54	2코 늘리기x1회, 짧은뜨기x52회 반복, 2코 늘리기x1회, 기둥코 사슬1개, (반시계 방향으로 돌리기)	56
55	짧은뜨기x56회 반복, 기둥코 사슬1개, (반시계 방향으로 돌리기)	56
56	2코 늘리기x1회, 짧은뜨기x54회 반복, 2코 늘리기x1회, 기둥코 사슬1개, (반시계 방향으로 돌리기)	58
57~59	짧은뜨기x58회 반복, 기둥코 사슬1개, (반시계 방향으로 돌리기)	58
60	2코 줄이기x1회, 짧은뜨기x54회 반복, 2코 줄이기x1회, 기둥코 사슬1개, (반시계 방향으로 돌리기)	56
61	짧은뜨기x56회 반복, 기둥코 사슬1개, (반시계 방향으로 돌리기)	56
62	2코 줄이기x1회, 짧은뜨기x52회 반복, 2코 줄이기x1회, 기둥코 사슬1개, (반시계 방향으로 돌리기)	54
63	짧은뜨기x54회 반복, 기둥코 사슬1개, (반시계 방향으로 돌리기)	54
64	2코 줄이기x1회, 짧은뜨기x50회 반복, 2코 줄이기x1회, 기둥코 사슬1개, (반시계 방향으로 돌리기)	52
65	짧은뜨기x52회 반복, 기둥코 사슬1개, (반시계 방향으로 돌리기)	52
66	2코 줄이기x1회, 짧은뜨기x48회 반복, 2코 줄이기x1회, 기둥코 사슬1개, (반시계 방향으로 돌리기)	50
67	짧은뜨기x50회 반복, 기둥코 사슬1개, (반시계 방향으로 돌리기)	50
68	2코 줄이기x1회, 짧은뜨기x46회 반복, 2코 줄이기x1회, 기둥코 사슬1개, (반시계 방향으로 돌리기)	48
69	짧은뜨기x48회 반복, 기둥코 사슬1개, (반시계 방향으로 돌리기)	48
70	2코 줄이기x1회, 짧은뜨기x44회 반복, 2코 줄이기x1회, 기둥코 사슬1개, (반시계 방향으로 돌리기)	46
71	짧은뜨기x46회 반복, 기둥코 사슬1개, (반시계 방향으로 돌리기)	46
72	2코 줄이기x1회, 짧은뜨기x42회 반복, 2코 줄이기x1회, 기둥코 사슬1개, (반시계 방향으로 돌리기)	44
73	짧은뜨기x44회 반복, 기둥코 사슬1개, (반시계 방향으로 돌리기)	44
74	2코 줄이기x1회, 짧은뜨기x40회 반복, 2코 줄이기x1회, 기둥코 사슬1개, (반시계 방향으로 돌리기)	42
75	짧은뜨기x42회 반복, 기둥코 사슬1개, (반시계 방향으로 돌리기)	42
76	2코 줄이기x1회, 짧은뜨기x38회 반복, 2코 줄이기x1회, 기둥코 사슬1개, (반시계 방향으로 돌리기)	40
77	짧은뜨기x40회 반복, 기둥코 사슬1개, (반시계 방향으로 돌리기)	40
78	2코 줄이기x1회, 짧은뜨기x36회 반복, 2코 줄이기x1회, 기둥코 사슬1개, (반시계 방향으로 돌리기)	38
79	짧은뜨기x38회 반복, 기둥코 사슬1개, (반시계 방향으로 돌리기)	38

80	2코 줄이기x1회, 짧은뜨기x34회 반복, 2코 줄이기x1회, 기둥코 사슬1개, (반시계 방향으로 돌리기)	36
81	짧은뜨기x36회 반복, 기둥코 사슬1개, (반시계 방향으로 돌리기)	36
82	2코 줄이기x1회, 짧은뜨기x32회 반복, 2코 줄이기x1회, 기둥코 사슬1개, (반시계 방향으로 돌리기)	34
83	짧은뜨기x34회 반복, 기둥코 사슬1개, (반시계 방향으로 돌리기)	34
84	2코 줄이기x1회, 짧은뜨기x30회 반복, 2코 줄이기x1회, 기둥코 사슬1개, (반시계 방향으로 돌리기)	32
85	짧은뜨기x32회 반복, 기둥코 사슬1개, (반시계 방향으로 돌리기)	32
86	2코 줄이기x1회, 짧은뜨기x28회 반복, 2코 줄이기x1회, 기둥코 사슬1개, (반시계 방향으로 돌리기)	30
87	짧은뜨기x30회 반복, 기둥코 사슬1개, (반시계 방향으로 돌리기)	30
88	2코 줄이기x1회, 짧은뜨기x26회 반복, 2코 줄이기x1회, 기둥코 사슬1개, (반시계 방향으로 돌리기)	28
89	짧은뜨기x28회 반복, 기둥코 사슬1개, (반시계 방향으로 돌리기)	28
90	2코 줄이기x1회, 짧은뜨기x24회 반복, 2코 줄이기x1회, 기둥코 사슬1개, (반시계 방향으로 돌리기)	26
91	짧은뜨기x26회 반복, 기둥코 사슬1개, (반시계 방향으로 돌리기)	26
92	2코 줄이기x1회, 짧은뜨기x22회 반복, 2코 줄이기x1회, 기둥코 사슬1개, (반시계 방향으로 돌리기)	24
93	짧은뜨기x24회 반복, 기둥코 사슬1개, (반시계 방향으로 돌리기)	24
94	2코 줄이기x1회, 짧은뜨기x20회 반복, 2코 줄이기x1회, 기둥코 사슬1개, (반시계 방향으로 돌리기)	22
95	짧은뜨기x22회 반복, 기둥코 사슬1개, (반시계 방향으로 돌리기)	22
96	2코 줄이기x1회, 짧은뜨기x18회 반복, 2코 줄이기x1회, 기둥코 사슬1개, (반시계 방향으로 돌리기)	20
97	짧은뜨기x20회 반복, 기둥코 사슬1개, (반시계 방향으로 돌리기)	20
98	2코 줄이기x1회, 짧은뜨기x16회 반복, 2코 줄이기x1회, 기둥코 사슬1개, (반시계 방향으로 돌리기)	18
99	짧은뜨기x18회 반복, 기둥코 사슬1개, (반시계 방향으로 돌리기)	18
100	2코 줄이기x1회, 짧은뜨기x14회 반복, 2코 줄이기x1회, 기둥코 사슬1개, (반시계 방향으로 돌리기)	16
101	짧은뜨기x16회 반복, 기둥코 사슬1개, (반시계 방향으로 돌리기)	16
102	2코 줄이기x1회, 짧은뜨기x12회 반복, 2코 줄이기x1회, 기둥코 사슬1개, (반시계 방향으로 돌리기)	14
103	짧은뜨기x14회 반복, 기둥코 사슬1개, (반시계 방향으로 돌리기)	14
104	2코 줄이기x1회, 짧은뜨기x10회 반복, 2코 줄이기x1회, 기둥코 사슬1개, (반시계 방향으로 돌리기)	12
105	짧은뜨기x12회 반복, 기둥코 사슬1개, (반시계 방향으로 돌리기)	12
106	2코 줄이기x1회, 짧은뜨기x8회 반복, 2코 줄이기x1회, 기둥코 사슬1개, (반시계 방향으로 돌리기)	10
107	짧은뜨기x10회 반복, 기둥코 사슬1개, (반시계 방향으로 돌리기)	10
108	2코 줄이기x1회, 짧은뜨기x6회 반복, 2코 줄이기x1회, 기둥코 사슬1개, (반시계 방향으로 돌리기)	8
109	짧은뜨기x8회 반복, 기둥코 사슬1개, (반시계 방향으로 돌리기)	8
110	2코 줄이기x1회, 짧은뜨기x4회 반복, 2코 줄이기x1회, 기둥코 사슬1개, (반시계 방향으로 돌리기)	6
111	짧은뜨기x6회 반복, 기둥코 사슬1개, (반시계 방향으로 돌리기)	6
112	2코 줄이기x1회, 짧은뜨기x2회 반복, 2코 줄이기x1회, 기둥코 사슬1개, (반시계 방향으로 돌리기)	4
113	짧은뜨기x4회 반복, 기둥코 사슬1개, (반시계 방향으로 돌리기)	4
114	2코 줄이기x2회 반복, 기둥코 사슬1개, (반시계 방향으로 돌리기)	2
115	짧은뜨기x2회 반복, 기둥코 사슬1개, (반시계 방향으로 돌리기)	2
116	2코 줄이기x1회	1
꿰맬 실	테두리 길이의 3배 남기기	

크리스마스트리 트렁크(6호) / 색상 B

단수	설명	코수
	사슬 10개 만들기	10
1	(두 번째 사슬산부터) 짧은뜨기x9회 반복, 기둥코 사슬1개, (반시계 방향으로 돌리기)	9
2~15	짧은뜨기x9회 반복, 기둥코 사슬1개, (반시계 방향으로 돌리기)	9
16	짧은뜨기x9회 반복	9
꿰맬 실	약 50cm 남기고 자른다.	

별(3호) / 색상 C

단수	설명	코수
1	(원형고리 안에) 짧은뜨기x10회 반복, (첫 코에) 빼뜨기x1회	10
2	[(다음 코에)빼뜨기x1회, (다음 한 코에)긴뜨기x1회+한길긴뜨기x1회+사슬2개+한길긴뜨기x1회+긴뜨기x1회] x 5회 반복	
꿰맬 실	약 15cm 남기고 자른다.	

눈사람 얼굴(3호) / 색상 D

단수	설명	코수
1	(원형고리 안에 기둥코) 사슬2개, 긴뜨기x11회 반복, (두 번째 사슬에) 빼뜨기x1회	12
2	사슬2개, (긴뜨기x2회 반복, 긴뜨기로 2코 늘리기)x3회 반복, 긴뜨기x2회 반복, (사슬 자리에) 긴뜨기x1회, (두 번째 사슬에) 빼뜨기x1회	16
	약 15cm 남기고 자른뒤 '돗바늘로 땀 만들기'를 해준다.	

눈사람 모자(3호) / 색상 E

단수	설명	코수
	사슬 7개 만들기	7
1	(두 번째 사슬부터) 짧은뜨기x6회 반복, 기둥코 사슬1개, (반시계 방향으로 돌리기)	6
2	짧은뜨기x6회 반복, (반시계 방향으로 돌리기)	6
3	빼뜨기x2회 반복, 사슬1개, (빼뜨기를 한 자리부터) 짧은뜨기x4회 반복, 기둥코 사슬1개, (반시계 방향으로 돌리기)	6
4	짧은뜨기x4회 반복, 기둥코 사슬1개, (반시계 방향으로 돌리기)	4
5	2코 줄이기x2회 반복	2
꿰맬 실	약 15cm 남기고 자른다.	

눈사람 당근 코(3호) / 색상 F

단수	설명	코수
	사슬4개 만들기	4
1	(두 번째 사슬부터) 짧은뜨기x1회, 빼뜨기x2회 반복, 기둥코 사슬1개	3
꿰맬 실	약 15cm 남기고 자른다.	

눈사람 목도리(3호) / 색상 G

단수	설명	코수
	사슬35개 만들기	35
1	(두 번째 사슬부터) 짧은뜨기x34회 반복	34
	약 7cm 남기고 정리한다.	

산타 할아버지(3호) 색상 A

단수	설명	코수	색상
1	(원형고리 안에) 사슬3개, 한길긴뜨기x13회 반복, (세 번째 사슬에) 빼뜨기x1회	14	H
2	사슬1개, (빼뜨기한 자리부터) 짧은뜨기x2회 반복, 2코 늘리기x1회, 짧은뜨기x2회 반복, 2코 늘리기x1회, 기둥코 사슬1개, (반시계 방향으로 돌리기)	8	D
3	짧은뜨기x7회 반복, 실을 끊는다.	7	
4	(첫 번째 짧은뜨기에 빨간색 실을 연결 후) 기둥코 사슬1개, 2코 줄이기x1회, 짧은뜨기x3회 반복, 2코 줄이기x1회, 기둥코 사슬1개, (반시계 방향으로 돌리기)	5	G
5	2코 줄이기x1회, 짧은뜨기x1회, (긴뜨기로) 2코 줄이기x1회, 기둥코 사슬1개, (반시계 방향으로 돌리기)	3	
6	사슬1개, 짧은뜨기x3회 반복, 기둥코 사슬1개, (반시계 방향으로 돌리기)	3	
7	사슬2개, (긴뜨기로) 2코 줄이기 x 1회		
	실을 약 7cm 남기고 정리한다.		

산타모자 방울(3호) / 색상 I

단수	설명	코수
1	(원형고리 안에) 짧은뜨기x6회 반복, (첫 코에) 빼뜨기x1회	6
꿰맬 실	약 10cm 남기고 자른다.	

산타수염(3호) / 색상 I

단수	설명	코수
	사슬 10개 만들기	10
1	(세번째 사슬부터) 긴뜨기x8회 반복, 기둥코 사슬1개, (반시계 방향으로 돌리기)	8
2	(짧은뜨기로) 2코 줄이기x1회, 짧은뜨기x4회 반복, (짧은뜨기로) 2코 줄이기x1회, 기둥코 사슬1개, (반시계 방향으로 돌리기)	6
3	(짧은뜨기로) 2코 줄이기x1회, 짧은뜨기x2회 반복, (짧은뜨기로) 2코 줄이기x1회, 기둥코 사슬1개	4
꿰맬 실	약 20cm 남기고 자른다.	

루돌프 얼굴(3호)

단수	설명	코수	색상
1	(원형고리 안에) 짧은뜨기x6회 반복, (첫 코에) 빼뜨기x1회	6	
2	2코 늘리기 x 6회 반복	12	J
3	(짧은뜨기x3회, 2코 늘리기x1회)x3회 반복	15	
4~5	짧은뜨기x15회 반복	15	
6	2코 줄이기x1회, 짧은뜨기x5회 반복, 2코 줄이기x1회, 짧은뜨기x6회 반복	13	
7~8	짧은뜨기x13회 반복	13	K
9	2코 줄이기x1회, 짧은뜨기x4회 반복, 2코 줄이기x1회, 짧은뜨기x5회 반복	11	
	반으로 접은 상태에서 바늘을 앞뒤로 동시에 넣고 빼뜨기x4회를 반복해 구멍을 막아준다.		
꿰맬 실	약 15cm 남기고 자른다.		

루돌프 귀(2개 만들기)(3호) / 색상 K

단수	설명	코수
	사슬 5개 만들기	5
	(두 번째 사슬부터) 빼뜨기x1회, 짧은뜨기x1회, 긴뜨기x1회, (마지막 사슬에) 한길긴뜨기x5회 반복, (반대편 사슬에) 긴뜨기x1회, 짧은뜨기x1회, 빼뜨기x1회	11
꿰맬 실	약 15cm 남기고 자른다.	

루돌프 뿔(2개 만들기)(3호) / 색상 L

단수	설명	코수
	사슬 7개, (두 번째 사슬부터) 빼뜨기x4회 반복, (이어서) 사슬4개, (두 번째 사슬부터) 빼뜨기x3회 반복, (처음 만들었던 나머지 사슬에도) 빼뜨기x3회 반복	
꿰맬 실	약 15cm 남기고 자른다.	

눈송이(2개 만들기) 3호 / 색상 D

단수	설명	코수
1	(원형고리 안에) (짧은뜨기x1회+사슬2개)x6회 반복, (첫 코에) 빼뜨기x1회 (사슬 구멍에)빼뜨기x1회+사슬2개+한길긴뜨기x1회+피콧x1회+한길긴뜨기x1회+긴뜨기x1회, (짧은뜨기 코에) 짧은뜨기x1회, [(사슬구멍에) 긴뜨기x1회+한길 긴뜨기x1회+피콧x1회+한길 긴뜨기x1회+긴뜨기x1회, (짧은뜨기 코에)짧은뜨기x1회]x5회 반복	15
꿰맬 실	약 15cm 남기고 자른다.	

종(3호) / 색상 M

단수	설명	코수
1	(원형고리 안에) 짧은뜨기x6회 반복, (첫 코에) 빼뜨기x1회	6
2	2코 늘리기x6회 반복	12
3	(짧은뜨기x3회 반복, 2코 늘리기x1회)x3회 반복	15
4~7	짧은뜨기x15회 반복	15
8	(앞코 이랑뜨기로) 짧은뜨기x1회, 2코 늘리기x1회, (짧은뜨기x2회 반복, 2코 늘리기x1회)x4회 반복, 짧은뜨기x1회	20
9	(짧은뜨기x3회 반복, 2코 늘리기x1회)x5회 반복	25
꿰맬 실	약 15cm 남기고 자른뒤 '돗바늘로 땀 만들기'를 해주고 남은 실로 트리에 꿰멘다.	

크리스마스 리스(4개 만들기-6호) / 색상 N

단수	설명	코수
1	(원형 고리를 검지에 실을 7번 감아 만든 후) 짧은뜨기x13회 반복, (첫 코에) 빼뜨기x1회	13
2	(사슬2개, (다음 코에) 빼뜨기x1회) x 끝까지 반복	
꿰맬 실	약 15cm 남기고 자른 뒤 남은 실로 트리에 꿰멘다.	

4 별: 도안을 볼 때 '긴뜨기x1회+한길긴뜨기x1회+사슬2개+한길긴뜨기x1회+긴뜨기x1회'를 전부 한 코에 넣는다. 완성 후 크리스마스 트리 제일 윗부분에 꿰매준다.

1~2 크리스마스 트리: 도안을 보면서 완성 후 반으로 접어서 양쪽 테두리를 맞춘 뒤 가장자리를 트리 안쪽 땀만 떠서 꿰매준다. 3분의 2를 연결한 다음 솜을 납작한 모양이 나오게끔 채워준다.

5 눈사람: 모자를 머리 위에, 당근 코는 얼굴 중앙에 꿰매주고 목도리를 목에 둘러서 한번 묶어준 후 실로 고정시킨다. 코 위쪽에 5mm 단추 눈을 달아준다. 눈사람이 완성되면 원하는 크리스마스 트리 위치에 달아준다.

3 크리스마스트리 트렁크: 도안을 보면서 완성 후 반으로 접어서 남긴 실로 테두리를 꿰매어 연결한 뒤 남은 실을 사용해 크리스마스트리 하단 가운데에 트렁크를 꿰매준다

6 산타 할아버지 : 산타 얼굴을 뜨고 모자를 이어서 완성한다. 수면사로 방울을 떠서 모자 윗부분에 꿰매준다. 수염도 수면사로 떠준 뒤 아래 두 모서리를 안쪽으로 접어서 사진과 같은 모양으로 꿰매준다. 빨간색 작은 단추를 코 위치에 꿰매고 단추 눈 5mm 1쌍을 눈 위치에 달아준다. 완성 후 원하는 크리스마스트리 위치에 꿰매준다.

7 루돌프 : 얼굴을 완성 후 귀 2개와 뿔을 각각 2개씩 떠서 사진과 같은 위치에 꿰매준다. 빨간색 단추를 얼굴 아랫부분에 꿰매주고 단추 눈 5mm는 5단과 6단 사이, 2코 간격을 띄우고 달아준다. 완성된 루돌프는 트리의 원하는 위치에 꿰매준다.

8 눈꽃송이 : 2개를 뜬 후 남긴 실로 트리의 원하는 위치에 꿰매준다.

9 종 : 완성 후 종 안쪽에 실을 연결해 볼(단추)을 만들어주고 종 윗부분에는 빨간색 실로 리본을 만들어준 후 트리의 원하는 위치에 꿰매준다.

10~14 크리스마스 리스 : 1단은 검지손가락에 실을 7번 감아서 원형 고리를 만든 후 그 안에 짧은뜨기를 13개 떠준 뒤 첫 코에 빼뜨기를 한다. 완성한 뒤 빨간색 실로 윗부분에 리본을 만들어준 뒤 트리의 원하는 위치에 꿰매준다.

15-16 완성 후 원하는 위치에 꿰매준 뒤 크리스마스 참을 추가로 달아주면 더욱 더 완성도 높은 트리 가랜드가 완성된다.

손뜨개에 필요한 재료와 도구

실
84% Lana-wool, 14% Crilico-acrylic
100% Acrylic

코바늘 모사용
3호, 4호, 5호, 6호

돗바늘

우드락
원리즈 240mm 2개

우드볼
15cm 8개

단추눈
5mm 5쌍
7mm 3쌍

폼폼제조기
35mm

하드보드지
가로×세로 약 18cm×25cm 3개

마끈
약 40cm

단수링

구름솜

쪽가위

겸자

기본 뜨개법 익히기

코바늘로 아기자기한 인테리어 소품을 만드는 데 필요한 재료와
코바늘 잡는 법, 손뜨개할 때 기억할 것들을 알았다면
지금부터는 기본 뜨개법을 배울 차례입니다.
열두 개의 서로 다른 가랜드와 리스 디자인이지만 기본 뜨개법은
같기 때문에 기초 과정부터 차근차근, 꼼꼼히 익혀두세요

실과 코바늘 잡는 법

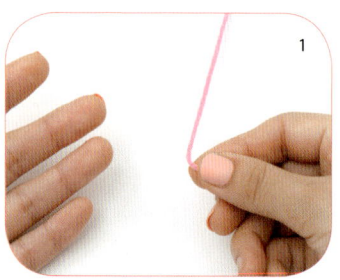

1 왼손을 펴고 오른손으로 실끝을 잡는다.

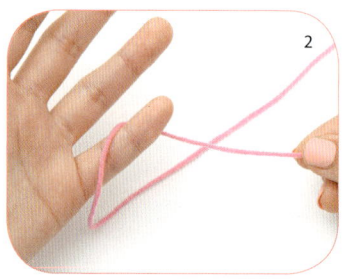

2 잡고 있는 실을 왼손 새끼손가락에 안에서 바깥쪽으로 한 바퀴 돌려서 감아준다.

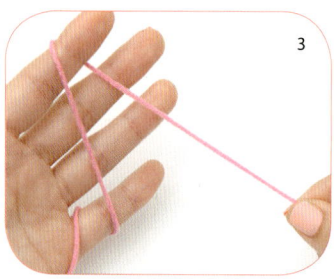

3 실을 그대로 끌고 안에서 바깥쪽 방향으로 검지에 걸어준다.

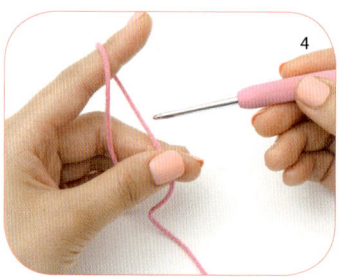

4 왼쪽에 감긴 실을 엄지와 중지로 잡고 오른손으로 연필을 쥐듯 코바늘을 잡아준다.

사슬뜨기

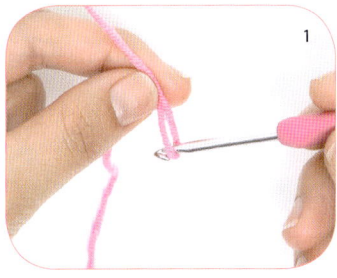

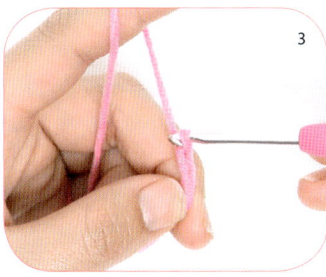

1 엄지와 중지로 잡고 있는 실을 오른쪽 방향 아래로 끌어당겨 잡으면 고리가 생긴다.

2 고리를 왼쪽방향 위로 올려준 후 코바늘에 실을 한번 감아준다.

3~4 감은 실을 고리 사이로 통과시킨 후 짧은 실을 당겨주면 토대 코가 생긴다.

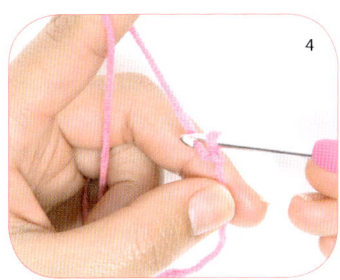
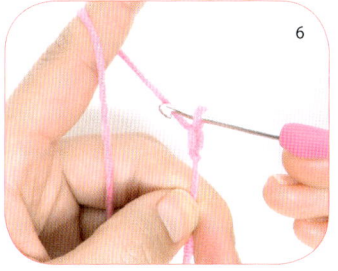

5~6 그 상태에서 코바늘에 실을 감아 고리 사이로 빼면 사슬 1코가 생긴다.

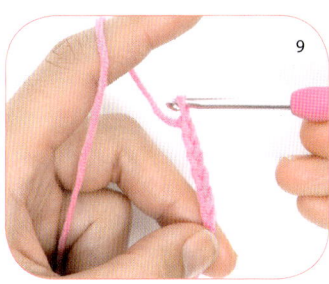

7~8 사진 5번과 6번을 번갈아 가면서 필요한 개수만큼 사슬을 만들어준다.

사슬뜨기가 완성된 모습

빼뜨기

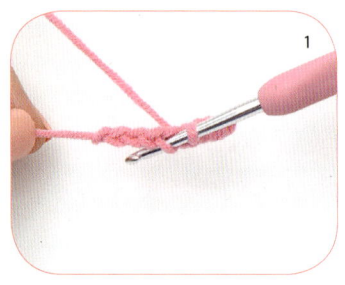

1 떠야 할 위치에 바늘을 넣는다.

2~3 실을 걸어 앞으로 끌고나온 후 바늘에 걸린 고리까지 빼낸다.

빼뜨기가 완성된 모습

짧은뜨기

1 떠야 할 위치의 코에 바늘을 넣어준다.

2~3 바늘을 실 뒤로 보낸 뒤 실을 걸어서 그대로 앞으로 끌어낸다.

4~5 바늘에 고리가 2개 걸려있을 때 실을 감아서 한 번에 빼낸다.

짧은뜨기가 완성된 모습

사슬산에 짧은뜨기

1 사슬을 뒤집어보면 화살표처럼 가운데 볼록 튀어나온 줄이 보인다.

2~5 가운데 볼록한 줄에 짧은뜨기를 뜬다.
Tip 이 때, 구멍이 늘어나지 않도록 최대한 당기지 않고 뜬다.

사슬산에 짧은뜨기가 완성된 모습

긴뜨기

1 바늘에 실을 한 번 감아준다.

2 떠야 할 위치의 코에 바늘을 넣어준다.

3~4 실을 걸어서 그대로 앞으로 빼낸다.

5~6 바늘에 고리가 총 3개일 때 실을 감아서 한 번에 빼낸다.

긴뜨기가 완성된 모습

한길긴뜨기

1 바늘에 실을 한 번 감아준다.

2 떠야 할 위치의 코에 바늘을 넣는다.

3~4 실을 걸어서 앞으로 빼낸다.

5~6 바늘에 고리가 3개 걸려있을 때 실을 감아서 첫 2개 고리 사이로 빼낸다.

7~8 실을 다시 한 번 감아서 남은 2개 고리도 통과시켜 빼낸다.

한길긴뜨기가 완성된 모습

두길긴뜨기

1~4 바늘에 실을 두 번 감고 떠야 할 위치의 코에 바늘을 넣은 후 실을 걸어서 그대로 앞으로 빼낸다.

5~6 바늘에 총 4개의 고리가 걸리면 실을 감아서 첫 2개의 고리 사이로 빼낸다.

7~8 총 3개의 고리가 남으면 실을 감아서 2개의 고리 사이로 빼낸다.

9~10 총 2개의 고리가 남으면 한 번 더 실을 감아서 다 빼낸다.

두길긴뜨기가 완성된 모습

세길긴뜨기

1 바늘에 실을 세 번 감아준다.

2 떠야 할 위치의 코에 바늘을 넣는다.

3~4 실을 걸어서 그대로 앞으로 빼낸다.

5~6 바늘에 총 5개의 고리가 걸리면 실을 감아서 첫 2개의 고리 사이로 통과시킨다.

7~12 같은 방법으로 바늘에 고리가 1개 남을 때까지 실을 감아서 2개씩 통과한다.

세길긴뜨기가
완성된 모습

2코 늘리기

1~5 떠야 할 위치의 코에 바늘을 넣고 짧은뜨기를 1개 떠준다.

6~8 같은 자리에(코에) 짧은뜨기를 한번 더 떠서 2개를 만든다.

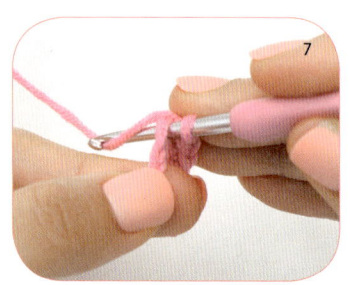

2코 늘리기가 완성된 모습

2코 줄이기
(짧은뜨기로 티 안 나게)

 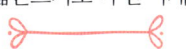 

1~3 첫 번째 반 코에 바늘을 넣고 실을 걸어서 앞쪽으로 뺀다.

4~6 그다음 두 번째 반 코에도 바늘을 넣고 같은 방법으로 실을 걸어서 빼낸다.

7 바늘에 총 3개의 고리가 걸리면 실을 감아서 한꺼번에 빼준다.

2코 줄이기가 완성된 모습

앞 반 코 걸어 이랑뜨기

1 앞 반 코에만 바늘을 넣는다.

2~3 짧은뜨기를 뜨는 것과 같이 실을 감아 끌고 나온다.

4~5 오른쪽 바늘에 고리가 2개 걸려있을 때 실을 감아서 고리 사이로 한 번에 뺀다.

완성된 모습

Tip 완성 후 뒤집어봤을 때 반 코씩 줄이 보인다.

뒤 반 코 걸어 이랑뜨기

1 뒤 반 코에만 바늘을 넣는다.

2~3 짧은뜨기를 뜨는 것과 같이 실을 감아 끌고 나온다.

4~5 오른쪽 바늘에 고리가 2개 걸려있을 때 실을 감아서 고리 사이로 한 번에 빼준다.

Tip 앞 줄 반코가 보인다.

완성된 모습

피콧뜨기

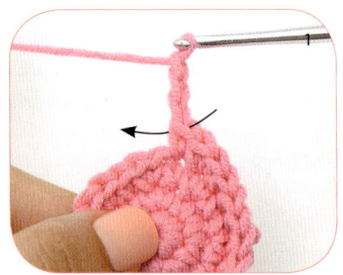

1 사슬을 3개 만든다.

2~4 화살표가 표시된 위치에 바늘을 넣고 빼뜨기를 하듯 실을 한 번 감아서 바늘에 걸린 고리까지 통과시켜 빼준다.

피콧뜨기가 완성된 모습

배색넣기

1 떠야 할 위치의 코에 바늘을 넣고 원래 뜨던 실을 걸어서 앞으로 빼낸다.

2~3 바늘에 고리가 2개 걸려 있을 때 뜨고자 하는 색상의 실을 바늘에 감고 한 번에 다 빼낸다.

배색이 완성된 모습

플라이 스티치
(인형 입 수놓기)

1 실 한 가닥을 반으로 접은 후 양쪽 끝을 바늘구멍에 꿴다.

2 사진과 같은 위치에 바늘을 가로로 통과시킨다.(보통 3코 간격을 띄운다.)

3~4 오른쪽에 있는 고리 사이로 바늘을 통과시켜 고정한다.

5~6 사진과 같이 돗바늘을 위에서 아래 방향으로 통과시키면서 한 단 아래 가운데 코로 빼낸 후 당겨서 Y자 모양을 만든다.

• 148 •

원형고리

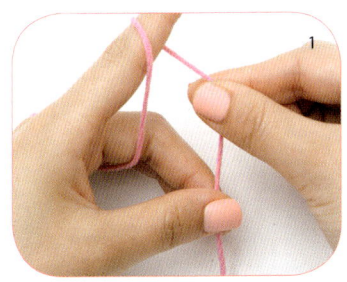

1~3 실을 오른손 엄지와 검지로 잡고 왼쪽 방향으로 내린 다음 잡아준다.

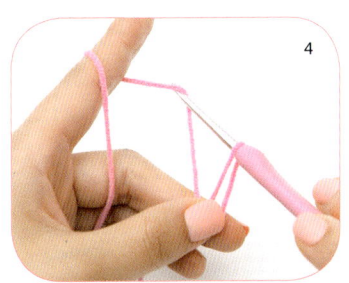
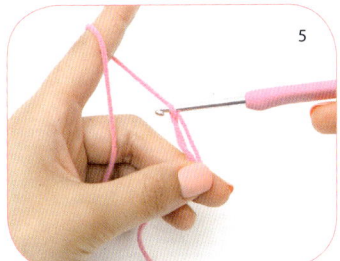

4~5 바늘을 고리 안에 넣고 실을 오른쪽 방향으로 끌고 나온다.

6 사슬뜨기를 1코 떠준다.

원형고리가 완성된 모습

원형뜨기

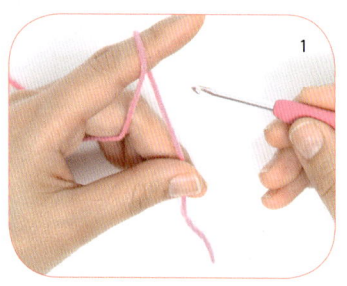 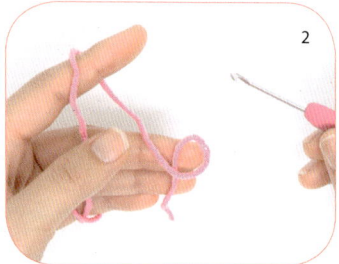 

1~3 사진과 같이 고리를 만들어준다.

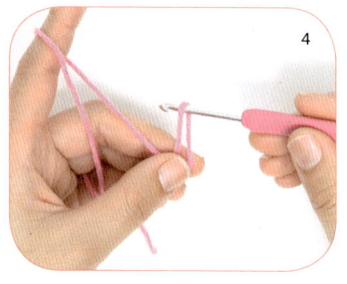 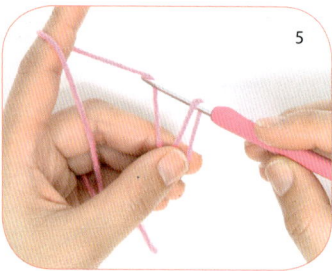 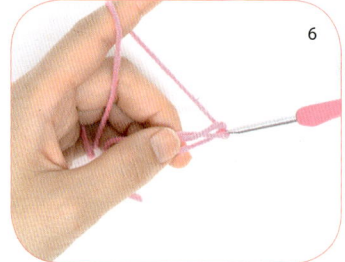

4~7 바늘을 고리 안에 넣고 실을 오른쪽 방향으로 끌고 나온다.

 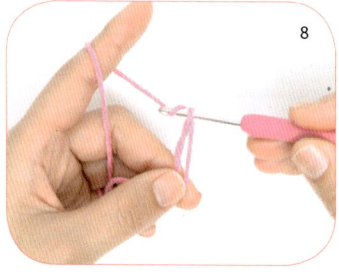

8~9 사슬뜨기를 1코 떠준다.(시작코)

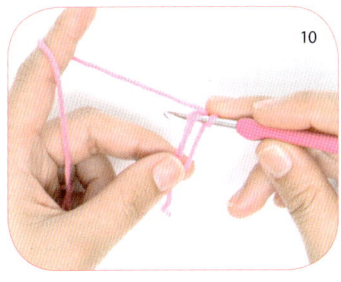  

10~12 고리 안으로 바늘을 넣고 바늘에 실을 걸어서 앞으로 빼낸다.

13~14 바늘에 고리가 2개 걸려 있을 때 실을 감아서 다 빼준다.

15 10~14번과 같은 방법으로 짧은뜨기를 도안에서 제시한 개수만큼 떠준다.

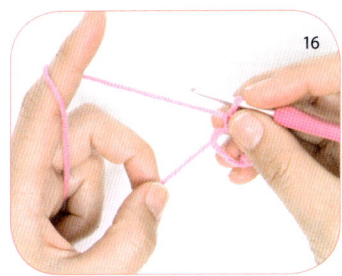  

16~17 실 끝을 잡아당겨 원을 오므려준다.

18~20 첫 번째 짧은뜨기에 바늘을 넣고 빼뜨기를 해서 원을 닫아준다.

원형뜨기가 완성된 모습

돗바늘로 땀 만들기

1 도안을 보며 완성 후 약 10cm 남기고 자른 뒤 돗바늘에 꿰어준다.

2 첫 코를 건너뛰고 두 번째 코에 사진과 같은 방향으로 통과시켜준다.

3 사진과 같이 실이 나온 위치의 앞 반 코에만 통과시킨다.

4~6 밖으로 나온 실은 한 단 아래로 통과시켜 안쪽으로 이동시킨다.

돗바늘로 땀 만들기가 완성된 모습

돗바늘 마무리

1~4 남은 코를 화살표 방향대로 위에 있는 반 코씩만 통과시켜 준다.

5 모두 통과한 후에는 화살표 방향으로 당겨서 원을 좁혀준다.

6 남은 실은 땀 모양에 맞춰 두세 번 왔다 갔다한 후 잘라준다.

돗바늘 마무리가 완성된 모습

제가 처음 '뜨개질'이라는 취미를 직업으로 가졌을 때부터 큰 힘이 되어준
부모님과 가족에게 감사의 마음을 전합니다.
저희 아버지가 Juliejulz' Atelier Documentary 촬영을 위한 인터뷰 때,
"당신도 시간을 되돌릴 수 있다면 지금의 저와 같이 온전히 하고 싶은 일을 했을 거다!"라고
말씀하셨던 것이 떠오릅니다. 커다란 감동을 느낀 한편으로, 우리 가족을 위해 그 동안 당신의
'하고 싶은 일'을 포기하고 '해야 하는 일'을 선택하셨던 저희 부모님께 죄송하고 고맙게 생각합니다.

책을 만들면서 가장 큰 걱정을 덜어주신 일소담Ilsodam 안현우 대표님께 감사의 마음을 전합니다.
도안에 문제는 없는지, 오타는 없는지, 설명이 이상하지는 않은지, 책을 출간할 때마다
가장 걱정되는 사항들을 이번 책에서는 일소담 대표님께서 감수를 해주시며 꼼꼼하게 봐주셨어요!
덕분에 든든한 마음으로 원고를 마무리할 수 있게 되었답니다.
언제나 응원과 함께 큰 사랑을 주시는 줄리줄스 회원님들께 감사의 마음을 전합니다.
줄리줄스 아뜰리에를 운영한지도 어느새 5년이 되었습니다. 이곳을 통해 좋은 수강생님들,
좋은 블로그 이웃님들, 좋은 인스타 팔로워님들 그리고 좋은 유튜브 구독자님들을 만날 수 있었습니다.
그 중에서도 특히 저를 찾아주시는 수강생님들 한 분 한 분께 진심으로 감사하다는 말씀을
전하고 싶어요. 함께 뜨개질을 하며 나누는 웃음도, 저를 챙겨주시는 마음도, 그리고
아껴주시는 말씀도 정말 감사드립니다. 앞으로도 함께하는 따뜻한 공간을 만들어가겠습니다.

줄리줄스의 코바늘 손뜨개 가랜드
2019년 8월 20일 초판 1쇄 발행

지은이 • 이현주
펴낸이 • 이동은

펴낸곳 • 버튼북스
출판등록 • 2015년 5월 28일(제2015-000040호)

주소 • 서울시 서초구 방배중앙로25길 37
전화 • 02-6052-2144 팩스 • 02-6082-2144

ⓒ 이현주 2019
ISBN 979-11-87320-29-6 13590

본서의 내용을 무단 복제하는 것은 저작권법에 의해 금지되어 있습니다.
파본이나 잘못된 책은 구입하신 서점에서 교환해 드립니다.